Peter [illegible]

Wien, Geburtstag '91

JOHN DOWNER

DIE SUPERSINNE DER TIERE

Hoffmann und Campe

Danksagung

Dieses Buch entstand in einer Gemeinschaftsproduktion mit der BBC-Fernsehreihe »Supersense«. Beide Projekte sind nur durch die wegweisenden Untersuchungen vieler Wissenschaftler in aller Welt möglich geworden. Während der beiden letzten Jahre haben sie uns großzügig mit Rat und Tat zur Seite gestanden und über ihre Arbeiten informiert. Ich fühle mich in ihrer aller Schuld. Insbesonderen danke ich Robin Baker, Roger Coles, Adrijanus Kalmijn, Margaret Klinowska, Arthur Myrberg, Julian Partridge, Joyce Poole, Graham Martin und Douglas Quine für ihre maßgebliche Hilfe. Mike Land, John Lythgoe, Gilian Sales und Max Westerby verdienen besonderen Dank, weil sie einzelne Abschnitte dieses Buches gegengelesen und Mißverständnisse ausgeräumt haben. Dem »Supersense«-Team danke ich für seine ständige Unterstützung. Mark Jacobs und Nigel Marven, den beiden Produktionsassistenten, verdanke ich viele Ideen und Ermutigungen. Andrew Kitchener und Rupert Barrington halfen bei den Recherchen für die Serie, und Liz Appleby, meine Assistentin, gab mir beachtliche Unterstützung und entzifferte tapfer mein unleserliches Gekritzel.

Für Sara

Vorige Seiten: Sandtiger-Hai

Folgende Seiten: Alpendohlen

Titel der Originalausgabe
Supersense
Perception in the Animal World,
erschienen bei BBC Books
a division of BBC Enterprises Limited,
London

CIP-Titelaufnahme der Deutschen Bibliothek

Downer, John:
Die Supersinne der Tiere /
John Downer.
Aus d. Engl. von Dieter Kaiser.
– 1. Aufl. – Hamburg :
Hoffmann u. Campe, 1990
Einheitssacht.: Supersense <dt.>
ISBN 3-455-08359-5

Satz: Utesch Satztechnik GmbH, Hamburg
Druck und Bindung: Mohndruck, Gütersloh
Printed in Germany

INHALT

EINFÜHRUNG

Jahrhundertelang betrachtete sich der Mensch als die am höchsten entwickelte Form des Lebens, weil er sich mit Hilfe seiner fünf Sinne ein komplexes Bild von seiner Umwelt machen konnte. Im Vertrauen auf unsere Überlegenheit in der Natur haben wir nur selten danach gefragt, wie wohl andere Lebewesen ihre Lebensräume wahrnehmen. Aber sind wir wirklich so überlegen? Eines der Ziele der BBC-Fernsehserie und dieses Begleitbuches ist es, diese Vermutung in Frage zu stellen.

So sind wir zum Beispiel stolz darauf, scharf sehen zu können. Doch das Sehvermögen der Raubvögel, die sich mit kaum glaublicher Treffsicherheit auf ihre Beute stürzen, übertrifft das unsere bei weitem. Während unserer Dreharbeiten zu »Die Supersinne der Tiere« stießen wir auf viele eindrucksvolle Beispiele dafür. Wir planten, das Sehvermögen der Geier mit Hilfe einer Kamera nachzuempfinden, die an einem Modellflugzeug befestigt war: Dabei wollten wir in der Nähe eines von einem Löwen frisch geschlagenen Beutetieres darauf warten, daß die Geier auffliegen, um dann im Modellflugzeug aus der Luft zu filmen und aus ihrer Sicht zu beobachten, wie sie sich auf den Kadaver stürzten. Jeden Morgen suchten wir den Himmel nach kreisenden Geiern ab. Doch jedesmal, wenn wir durch unsere hochempfindlichen Ferngläser gerade einen Schwarm entdeckt hatten, gingen die Vögel schon runter. Innerhalb von Sekunden war der soeben noch leere Himmel von den großen Vögeln bevölkert. Obwohl wir den Kadaver, der nur 300 Meter von uns entfernt war, kaum noch erkennen konnten, hatten die Geier – außerhalb der Reichweite unserer Ferngläser – offenbar keine Schwierigkeit, ihn auszumachen. Wir neigen dazu, das Sehvermögen der Tiere nur nach dem Teil des Lichtspektrums zu beurteilen, das *wir* sehen können. Dabei wissen wir, daß ihr Spektrum weit über unseres hinausreicht. Es scheint unglaublich, aber es gibt Tiere, wie zum Beispiel Grubenottern, die noch den Infrarotteil, und viele Insekten, die den ultravioletten Bereich des Spektrums wahrnehmen. Ein Goldfisch kann sogar vom Ultravioletten bis in den Bereich des Infraroten sehen: Leistungen, die wir Menschen erst seit einigen Jahren erbringen können – dank der Entwicklung ausgeklügelter elektronischer Geräte.

Auch die Welt der Geräusche – der Hörsinn ist der vielleicht zweitwichtigste Sinn des Menschen – umfaßt eine Spannweite, von der wir nur einen Bruchteil wahrnehmen können. Als wir im ostafrikanischen Amboseli-Nationalpark Elefanten filmten, zogen diese Tiere bisweilen so nahe an uns vorbei, daß wir nicht nur ihre Tritte im Gras hören konnten, sondern sogar, wie ihre Mägen knurrten. Aber nicht nur das: Sie kommunizierten auch miteinander. Doch davon konnten wir lediglich tiefe Rumpler wahrnehmen, die in Wirklichkeit jedoch schon die höheren Tonlagen ihrer »Unterhaltungslaute« darstellten. Die meisten Laute konnten wir nicht mehr wahrnehmen, sie waren zu tief für unser Hörvermögen.

Fledermäuse dagegen orientieren sich bei ihren Flügen in völliger Dunkelheit an Tönen, die oberhalb unserer Hörgrenze liegen. Dabei ermitteln sie die Distanz zu hinderlichen Objekten mit Hilfe der Zeit, in der die von ihnen ausgestoßenen Lautsalven als Echo zurückkommen.

Es hat Jahre sorgfältigster Untersuchungen bedurft, um die Kunstgriffe der Natur, derer Tiere sich täglich bedienen, technisch nachahmen zu können. Jeder weiß aus Erfahrung, wie leicht sich sein Geruchssinn – und deshalb auch sein Geschmackssinn, denn die beiden sind eng miteinander verbunden – bei einer schweren Erkältung verschlechtert. Gerüche sind auch ein wichtiger Faktor bei der Identifikation: So wie viele andere Tiere erkennen auch wir die eigenen Artgenossen an einem eindeutigen, persönlichen Geruch. Doch viele Tiere haben für diesen Sinn noch eine weitergehende Verwendung: So unterschiedliche Lebewesen wie Lachs und Taube nutzen ihren Geruchssinn, um auf ihren Wanderungen und Flügen den richtigen Weg zu finden. Selbst winzigste Veränderungen der Konzentration bestimmter chemischer Substanzen in der Luft oder im Wasser können sie noch registrieren.

Während der Produktion von »Die Supersinne der Tiere« bin ich mit einem Tier besonders vertraut geworden, einer Krickente. Sie folgte mir überallhin. Wenn ich schrieb, saß sie zu meinen Füßen. Dennoch bin ich mir darüber im klaren, daß die Ente ihre Umwelt mit Sinnen wahrnimmt, die sich stark von meinen unterscheiden. Es ist unmöglich, sich an die Ente heranzuschleichen, ohne von ihr bemerkt zu werden, denn ihr Blickfeld umfaßt 360 Grad. Diese Rundumsicht verbindet sie darüber hinaus mit der Fähigkeit, sich auf jedes Detail zu konzentrieren, das für ein Entenleben von Belang sein könnte. Als wir eines Tages ins Freie traten, riß das Tier urplötzlich seinen Kopf hoch und starrte in den Himmel. Ich folgte angestrengt der Blickrichtung des Vogelauges und konnte noch ganz schwach den Schimmer eines weit entfernten Flugzeugs erkennen. Die Ente hatte im Bruchteil einer Sekunde diese winzige Silhouette als möglichen Raubvogel ausgemacht.

Diese Beispiele für die Sinnesleistungen der Tiere können wir noch relativ leicht verstehen, weil sie nicht allzuweit von unseren eigenen Sinneserfahrungen entfernt sind. Aber in der Welt der Tiere existieren viele Phänomene, die uns fremd oder sogar unerklärlich erscheinen. Woran erkennen Vögel, wann sie ihren Zug beginnen müssen? Und als noch rätselhafter erscheint es uns, wie sie ihren Weg finden. Warum sagt man von Tieren – ja selbst von manchen Pflanzen –, sie könnten schlechtes Wetter »vorhersagen«? Wie kommt es dazu, daß in regelmäßigen Abständen von etwa 13 bis 17 Jahren die Zikaden ausschwärmen? Glücklicherweise haben die Forscher inzwischen viele Wissenslücken füllen und damit auch zahlreiche Fragen beantworten können. Aufgrund ihrer Arbeit weiß ich, daß Tiere Phänomene in ihrer Umwelt wahrnehmen, die wir nicht einmal mit Hilfe unserer »High-Tech«-Ausrüstung zu entdecken in der Lage sind. Unser Fehler in der Vergangenheit war es, uns anderen Lebensformen deshalb überlegen zu fühlen, weil sie die Umwelt anders als wir wahrnehmen: Unsere Überlegenheit ist eine Illusion. Bahnbrechende Forschungsarbeiten öffnen uns den Blick für die immense Vielfalt der Sinneswelten, die andere Lebewesen erfahren: außergewöhnliche Welten, in die wir vielleicht nie vordringen werden, die uns aber wenigstens lehren können, ihnen die gebotene Achtung entgegenzubringen, wenn wir uns mit den tierischen »Supersinnen« besser vertraut machen.

DER SECHSTE SINN

Wir erfahren unsere Umgebung durch die fünf Sinne: Sehen, Hören, Fühlen, Riechen und Schmecken. Jahrhundertelang glaubten die meisten Menschen, andere Tiere nähmen in ähnlicher – wenn auch vielleicht begrenzterer – Weise die Welt wahr. Jedes fremde oder unerklärliche Verhalten, sowohl in der sozialen als auch in der biologischen Welt, wurde einem übernatürlichen sechsten Sinn zugeschrieben. Tiere, die besondere Kräfte zeigten, wurden als »Zauberwesen« betrachtet, einige sogar als Götter verehrt. Einen der längsten mythologischen Stammbäume hat die Schlange, die Objekt sowohl des Abscheus als auch der Verehrung geworden ist. Die Legendenbildung um dieses Tier ist auf ihr bizarres Aussehen zurückzuführen, zum Teil aber auch auf ihre unheimliche Fähigkeit, gleichsam aus dem Nichts aufzutauchen und ihren tödlichen Biß anzubringen – manchmal sogar in völliger Dunkelheit. Um die erstaunliche Geschicklichkeit des Haies bei der Jagd ranken sich ähnliche Mythen. Anderen Lebewesen wurden eher freundliche Eigenschaften zugeschrieben, wie die Fähigkeit, das Wetter oder Erdbeben »vorhersagen« zu können.
Untersuchungen belegen, daß viele Tiere tatsächlich einen sechsten Sinn besitzen. Aber dieser ist ein natürlicher »Supersinn«, der alles andere ist als übernatürlich. Ein gutes Beispiel dafür ist der Betäuberfisch, von dem Plinius der Ältere bereits im ersten Jahrhundert nach Christus berichtet hat. Er beschrieb, verständlicherweise von Schrecken erfüllt, die Fähigkeiten des Fisches, jeden zu lähmen, der in seine Nähe kam. Der Schlüssel zu diesem Geheimnis – die Elektrizität – wurde erst 1700 Jahre später entdeckt. Die Wissenschaft hat nun herausgefunden, daß einige Fische Elektrizität dazu nutzen, um ihre Beute oder ihre Feinde zu betäuben, ja sogar, um sich ein Bild von ihrer Umgebung zu machen.
Solche Tiere mögen für uns magische Züge tragen, weil wir nur selten unsere stark selektive Wahrnehmung überwinden. Bevor wir uns auf die Reise in die Sinneswelten anderer Tiere begeben, müssen wir uns von dieser Sichtweise befreien. Wir reagieren auf Reize, die unser Dasein bestimmen – wie Licht, Töne, Gerüche –, und ignorieren dabei die große Vielfalt anderer Stimuli. Wie wir reagiert jedes Lebewesen selektiv auf Reize aus seiner Umwelt. Jedes Lebewesen stellt sich nur auf solche Sinneseindrücke ein, die seiner Existenz und seinem Überlebenskampf gerecht werden. Einige verfügen über die gleichen Sinne wie wir, aber viele nutzen sie anders. Andere wiederum nehmen die Welt auf eine Art und Weise wahr, die wir uns kaum vorstellen können.

Wärmesensoren

Wir empfinden die Temperatur der uns umgebenden Luft und die eines jeden Objektes mit Hilfe von Nerven, die in der Haut enden. Da gibt es Bereiche in der Haut, die entweder hitze- oder kälteempfindlich sind; sie sind jeweils zwischen einem und fünf Millimeter groß und über unsere gesamte Hautfläche verteilt. Dieses System funktioniert, jedoch nur ziemlich grob, und so

Gegenüberliegende Seite: Monarchfalter

fällt es uns schwer, geringe Temperaturunterschiede wahrzunehmen. Wir können uns sogar erheblich täuschen, denn wenn ein »kalter Hautflecken« mit einer warmen Nadel berührt wird, kann bei manchen Menschen ein Gefühl der Kälte entstehen.

Dagegen verfügt das Thermometerhuhn aus den Malleebuschgebieten Australiens über ein sehr genaues Temperaturmeßgerät in seinem Schnabel. Dieser Vogel trägt seinen Namen, weil er seine Eier in einem Hügel aus verrottendem Grünzeug ausbrütet. Alle paar Minuten prüft das männliche Tier die Temperatur des Nestes: Wenn sie unter 33 Grad Celsius sinkt, legt es Kompost nach; steigt sie über 33 Grad, gräbt es ein Loch in den Haufen, um die Eier zu kühlen. Auf diese Weise wird das Gelege bei einer optimalen Temperatur gehalten.

Das Thermometerhuhn gehört, wie alle Vögel und Säugetiere, zu den gleich warmen Tieren. Sie passen ihre Körpertemperatur automatisch veränderten Bedingungen an, damit ihre Körperfunktionen gut und ruhig weiterarbeiten. Einige Tiere können ihre Temperatursensoren in besonderer Weise nutzen. Wanzen reagieren beispielsweise äußerst empfindsam auf winzige Temperaturveränderungen, die bei Annäherung eines möglichen Wirtstieres entstehen. Sie benutzen ihre Fühler, um die Blutwärme aufzuspüren. Zecken tauchen ihre Rüssel in jede Flüssigkeit mit Bluttemperatur, sogar in entsprechend erwärmtes Wasser. Bis vor kurzem hielt man es für ausgeschlossen, daß Säugetiere Blut auf diese Weise wahrnehmen können, weil ihre eigene Körperwärme die des Wirtstieres überlagern würde. Jene Säugetierart, die bevorzugt als Hauptfigur in Horrorfilmen auftritt, hat das Problem gelöst: die Vampirfledermaus.

An der Vorderseite ihres Kopfes ist an einer Stelle die Haut merkwürdig gerollt. In diesem sogenannten Nasenblatt gibt es wärmeempfindliche Teile. Das Nasenblatt ist durch eine Gewebeschicht vom Einflußbereich der normalen Körpertemperatur getrennt und ist dadurch um neun Grad Celsius kälter. Mit Hilfe der so isolierten, kühleren Hautteile kann die Fledermaus aus etwa 16 Zentimetern Entfernung die Wärmeausstrahlung eines anderen Tieres wahrnehmen. In Verbindung mit anderen Sinnesorganen ermöglicht das Nasenblatt der Fledermaus, Beute aufzuspüren. Das überaus fein abgestimmte Zusammenspiel ihrer Sinne erlaubt es der Fledermaus sogar, kältere Gewebeteile des Beutetieres von blutgefülltem Gewebe zu unterscheiden, das ihr als Angriffsfläche dient. So bemerkenswert die Fähigkeiten der Fledermaus sind, sie verblassen im Vergleich mit den noch weitaus schärferen Sinnen eines anderen legendenumwobenen Tieres, der Schlange. Wenn eine Fledermaus Wärme registriert, so ist das in Wahrheit nichts anderes als die Wahrnehmung der infraroten Strahlung, die von einem warmen Körper ausgeht. Wir Menschen nehmen diese Strahlung wahr, wenn wir uns an Feuer oder in der Sonne wärmen. Wie bei vielen anderen Tieren, den Menschen eingeschlossen, können die Augen der meisten Schlangen im Prinzip nur auf die Strahlung reagieren, die wir Licht nennen. Zwei Familien von Schlangen jedoch haben so ausgefeilte Infrarot-Wahrnehmungsorgane, daß sie sogar in völliger Dunkelheit ihre Beute »sehen« können.

Einige Riesenschlangen, darunter die Boa constrictor, der Python und die Anakonda, verfügen über bis zu 13 wärmeempfindliche Organe. Grubenottern, wie die Klapper- und die Mokassinschlange, haben an jeder Kopfseite zwischen Augen und Nüstern jeweils ein hitzeempfindliches Organ. Jedes ist ungefähr 0,5 Zentimeter tief und immer nach vorn gerichtet. Die Öffnung mißt im Durchmesser nur ein paar Millimeter. Das Organ funktioniert wie eine Lochkamera, bei der jedoch anstatt der Lichtstrahlen die infrarote Hitzestrahlung fokussiert wird. Diese Infrarotstrahlung wird auf eine Membran projiziert, die sich über das ganze Organ erstreckt. Sie enthält ein Gitter aus 7000 Nervenenden, die selbst auf winzige Temperaturunterschiede reagieren und so ein Wärmebild produzieren. Dieses System ist so empfindlich, daß die Organe selbst Temperaturunterschiede von nur 0,003 Grad Celsius registrieren können. Sie reagieren aber nicht nur auf minimale Temperaturunterschiede, sondern auch innerhalb kleinster Zeiträume, nämlich von 35 Millisekunden: viele hundert Male schneller als irgendein von Menschen fabriziertes Gerät. Diese Informationen werden von der Membran des Grubenorgans aus in jenen Teil des Hirns geleitet, der für das Sehen zuständig ist. Sie werden dort auf dieselbe Weise verarbeitet wie die Reize, die das Auge aufnimmt und weiterleitet. Die Qualität, also die Auflösung des (über die Infrarotstrahlung wahrgenommenen) Bildes, ist allerdings erheblich geringer als die eines vom Auge aufgenommenen Bildes. Doch auch wenn das Hitzebild vergleichsweise grob ist, ist es doch detailliert genug, um jedes warmblütige Lebewesen in der Nachbarschaft zu registrieren. Während des Tages mag ein gut getarntes Tier den Augen einer Schlange verborgen bleiben, aber aufgrund seiner Infrarotstrahlung wird es dennoch als Beute entdeckt. Auch nach Einbruch der Dunkelheit bleibt das Phänomen des Wärmebildes von einer Beute erhalten. Darüber hinaus verfügen Pythons und Grubenottern noch über Hitzesensoren im Maul. Der blitzschnelle Biß einer Schlange erhält seine tödliche Sicherheit von den Sensoren in ihrem Maul. So gesehen, leben Warmblüter also erheblich gefährlicher, doch sind sie auch mit großen Vorteilen ausgestattet, vor allem, weil sie vom Wetter unabhängig aktiv bleiben können. Grundsätzlich versuchen dennoch alle Tiere, schlechtes Wetter zu meiden. Diese Verhaltensweisen haben Menschen sich früher als natürliche Wettervorhersage zunutze gemacht.

Wettervorhersage

Die Voraussage der Wetterentwicklung ist für die Landwirtschaft, aber in der modernen Zivilisation auch für den Flugverkehr, die Schiffahrt und anderes von existentieller Bedeutung. Jahrhundertelang haben Menschen die Natur sehr genau beobachtet und daraus ihre Schlüsse gezogen. Das Verhalten der Pflanzen und Tiere war wichtig für die Beurteilung der Wetterlage. Wenn sich Kühe niederlegen, ist mit Regen zu rechnen; hoch fliegende Schwalben lassen dagegen auf gutes Wetter schließen – um nur zwei der vielen Hinweise zu nennen, mit denen Menschen das natürliche Geschehen gedeutet haben.

Seit die Meteorologie sich technischer Hilfsmittel bis hin zu hochsensiblen Computern bedient, wurde die Sprache der Natur immer mehr in den Hintergrund gedrängt. In einigen Teilen der Provence aber halten Bauern immer noch Grasfrösche in Gläsern. Ihr Quaken wird dort auch heute noch als Warnung vor Regen gewertet. Andernorts erfüllt getrocknetes Seegras denselben Zweck. Tatsächlich reagiert das Gewebe von Seegras auf Luftfeuchtigkeit. Nach alter Tradition wurden auch andere Pflanzen als natürliche Barometer benutzt. Ringelblumen, Ackerkratzdisteln und Sonnenblumen etwa öffnen ihre Blüten nur bei gutem Wetter. Ihre Blütenstände folgen sogar dem Lauf der Sonne, so, wie Satelliten ihre Bahn ziehen. Droht Regen, schließen diese und viele andere Blumen ihre Blüten, um ihre pollentragenden Staubbeutel zu schützen. Der Acker-Gauchheil reagiert so empfindlich, daß er oft als »Barometer des armen Mannes« bezeichnet wird. Auch Vogelmiere und Ackerwinde sind ähnliche Blumenbarometer. Andere Pflanzen, wie beispielsweise verschiedene Kleearten und Sauerkleegewächse, klappen ihre Blätter zusammen, wenn ein Schlechtwetter-Umschwung bevorsteht.
Diese wetterempfindlichen

Wie andere Grubenottern kann auch die asiatische grüne Bambusotter (unten) die Infrarotstrahlung wahrnehmen, die von einem warmen Körper ausgeht. So ist sie in der Lage, ein infrarotes Bild ihrer Beute (links) zu »sehen«.

Pflanzen reagieren auf Veränderungen in Temperatur, Luftfeuchtigkeit und Licht. Untersuchungen beweisen, daß viele Tiere auf andere Wetterreize ansprechen.
Während eines Gewitters ereignen sich starke elektromagnetische Entladungen in den Wolken. Sie werden in den gleißenden Blitzstrahlen sichtbar, die sich auf den Erdboden entladen. Diese elektrischen Störungen verursachen elektromagnetische Wellen, die sich in der Atmosphäre über Hunderte von Kilometern ausbreiten. Alle Tiere, die solche Wellen wahrnehmen können, verfügen auch über zuverlässige Anzeiger bevorstehender Wetteränderungen.
Bienen etwa zeigen vor einem Gewitter deutliche Merkmale von Unruhe und kehren scharenweise in ihren Korb zurück. Auch künstliche elektrische Felder lösen diese Reaktion aus. Bei hoher Intensität entfernen sie sogar die Nachkommenschaft aus den Brutzellen, oder sie stechen einander tot. Hamster reagieren im Laborversuch ebenfalls sehr stark auf künstliche elektrische Felder. Unter dem Einfluß eines solchen künstlichen elektrischen Feldes verlegen sie sogar ihre Nester.
Wahrscheinlich sind diese Tiere genauso empfindlich gegenüber elektromagnetischen Wellen, die ein Sturm auslöst. Vielleicht reagieren sie auch sensibel auf die elektrostatische Ladung der Luft. Vor einem Sturm wird die Luft mit positiven Ionen aufgeladen. Es ist bekannt, daß dies bei Säugetieren die Konzentration des Hirnhormons Serotonin beeinflußt. Dieses Hormon steuert den Schlaf und bestimmte Stoffwechselprozesse und könnte damit Ursache sein für die Wetterfühligkeit mancher Menschen, die vor einem Unwetter über Depressionen oder über Schmerzen in Gelenken oder Narben klagen.
Von dramatischer Bedeutung sind Wetterumschwünge auch für Zugvögel, die in einem Gewitter stark von ihrem Kurs abgetrieben werden können. Selbst wenn ihr Zug ungestört verläuft, rührt diese Strapaze schon an die Leistungsgrenze der Vögel. Doch nur recht selten geraten sie wirklich in schlechtes Wetter. Offenbar warten sie günstige Bedingungen ab. Wenn Vögel in die nördliche Hemisphäre ziehen, wählen sie eine Zeit, zu der der Atmosphärendruck fällt, die Temperaturen steigen und die Winde nordwärts blasen. Wenn es auf der Nordhalbkugel Herbst wird, warten sie mit ihrem Rückflug auf steigenden Luftdruck, fallende Temperaturen und auf Winde, die Richtung Süden wehen.
Dieses Verhalten beruht wohl darauf, daß sie den atmosphärischen Druck messen können; ähnlich, wie wir die zu erwartende Wetterlage vom Barometer ablesen. Versuche haben gezeigt, daß Tauben und Enten über ein beispiellos präzises Sensorium verfügen. Die Tiere können minimale Druckänderungen registrieren, Tauben sogar innerhalb eines einzigen Gebäudes die Druckunterschiede zwischen den einzelnen Etagen. Dieser Sinn der Vögel dient möglicherweise nicht nur der Bestimmung der Wetterlage, sondern auch dazu, die richtige Flughöhe einzuhalten.
Manche Ameisenarten, zum Beispiel die schwarzen Rasenameisen, nutzen Wetterstimmungen für einen ganz anderen Zweck: um den günstigsten Paarungszeitpunkt herauszufinden. Im Spätsommer schlüpfen die geflügelten Geschlechtstiere. Die ungeflügelten, geschlechtslosen Arbeiterinnen halten die geflügelten Männchen und Königinnen im Nest, manchmal über mehrere Wochen. In dieser Zeit kontrollieren die Arbeiterinnen ständig Temperatur und Luftfeuchtigkeit – bis das günstigste Klima für die Paarung eintritt. Sobald sich eine Periode stabilen Hochdrucks einstellt, setzen die Arbeiterinnen eine chemische Substanz frei, die die Männchen und die Königinnen veranlaßt, gleichzeitig die über viele Quadratkilometer verteilten Nester zu verlassen. Die Männchen und die Königinnen steigen zu einem Hochzeitsflug auf und paaren sich in der Luft. Viele werden unterwegs gefressen, die Mehrheit der Königinnen überlebt.

Die zitternde Erde

Wenn jemand einen Kieselstein etwa einen Meter von einer Sandkrabbe entfernt fallen läßt, wird sie sofort zu dieser Stelle hinlaufen. Das Tier ortet seine Nahrung mittels Vibration, wird von allem angezogen, was die richtige, die Störung auslöst.
Die Puppen der Katzenflöhe nutzen Schwingungen auf eine etwas andere Weise: Sie liegen regungslos etwa im Teppich verborgen, bis ein schwaches Zittern ihnen signalisiert, daß eine Katze oder ein anderes Wirtstier sich nähert. Sie springen ihr Wirtstier an, wobei die letzte Sprungphase von der Körperwärme des Wirts und vom Kohlendioxyd in seinem Atem gesteuert wird. Die Puppe kann monate- oder sogar jahrelang schlafen, nur um plötzlich von der richtigen Schwingung aus ihrer Untätigkeit gerissen zu werden. Aus diesem Grunde hat schon mancher, der ein leerstehendes Haus betrat, eine böse Überraschung erlebt: eine richtiggehende Invasion von Flöhen, die nach langer Inaktivität plötzlich äußerst lebendig ihr Unwesen trieben. Eine andere Haushaltsplage, die Küchenschabe, ist noch feiner gerüstet. Als das vibrationsempfindliche Organ an ihrem Bein in einem Labor untersucht wurde, stellte man fest, daß es Bewegungen fühlen kann, die so klein sind wie der 2000fache Durchmesser eines Wasserstoffatoms. Blattschneider-Ameisen können offenbar ebenfalls winzige Vibrationen wahrnehmen. Wenn einer ihrer unterirdischen Gänge einstürzt, geben die verschütteten Ameisen Klopfsignale. Die anderen Blattschneider-Ameisen können diese Signale selbst durch fünf Zentimeter Erde noch wahrnehmen und eilen herbei, um die Verschütteten zu retten.
Am Boden erzeugte Vibrationen eignen sich besonders gut, um durch die Erde zu kommunizieren. Das nutzen viele im Erdboden lebende Arten aus. Wenn Termiten ihr Nest verlassen, um nach abgestorbenem Pflanzenmaterial zu suchen, bleiben sie potentiellen Feinden dennoch verborgen, weil sie unterirdische Gänge zu ihrem Futterplatz graben. Nur Räuber, die ebenfalls unter der Erde leben, können sie als Beute ausmachen. Beim kleinsten Alarmzeichen trommeln die Termiten ein Warnsignal auf den Boden, das die gesamte Nahrung suchende Truppe in den Gängen verschwinden läßt.
In den trockeneren Regionen Afrikas leben die Mulle, ein Höhlenbewohner und Nagetier. Sie benutzt ihre meißelartigen Zähne, um ein komplexes System von Höhlen anzulegen. Dabei festigt sie die Decken, indem sie mit ihrem abgeflachten Kopf dagegendrückt. Einige Tiere leben gesellig, andere für einen Großteil des Jahres als Einzelgänger. Diese allein lebenden Arten benutzen ihren Kopf, um damit Botschaften zu trommeln. Dabei bedient sich jede Art ihres eigenen Rhythmus-Codes. Das mag ihnen helfen, einander in Gefahrensituationen zu identifizieren. Die dumpfen Schläge dienen aber auch dazu, das eigene Territorium zu markieren. Sogar oberhalb der Erdoberfläche können Vibrationen als Kommunikationsmittel dienen. Weibliche Zikaden aus der Familie der Laternenträger senden an die Männchen ein Signal, indem sie mit ihrem Hinterteil zwanzigmal pro Sekunde gegen ein Blatt schlagen. Die Männchen antworten mit einem viermal schnelleren Trommelrhythmus. Mit Hilfe dieses Dialogs finden sie bald zueinander.
Vibrationen werden nicht nur durch den Erdboden übertragen. Im Wasser verbreiten sie sich noch weitaus besser. Bewohner von Seen, Flüssen und Meeren haben raffinierte Methoden entwickelt, um dies zu nutzen.

Wellenfühler

An der Oberfläche von Teichen und ruhigen Seen sind häufig Schwärme kleiner Käfer zu beobachten, die eine Art Veitstanz aufzuführen scheinen. Diese treffend Taumelkäfer genannten Insekten wirbeln ständig umher, ein schwindelerregender Anblick, der mögliche Räuber verwirrt. Offenbar stoßen sie bei diesem akrobatischen Akt aber niemals zusammen. Jedes Tier vermeidet das mit Hilfe eines speziellen geteilten Fühlers, dessen einer Teil auf der Wasseroberfläche ruht. Damit wird noch die leichteste Vibration registriert. Der Taumelkäfer kann sehr wohl zwischen seinen eigenen Wellen und denen unterscheiden, die Tausende seiner Artgenossen verursachen.
Die von dem Käferfühler ausgelösten Wellen treffen auf alle Objekte, die aus der Wasseroberfläche herausragen. So kann sich der Taumelkäfer an den reflektierten Wellen orientieren und entsprechenden Hindernissen ausweichen. Darüber hinaus wölbt sich die Oberfläche leicht auf, wenn das Wasser auf Widerstand stößt – ein weiterer Hinweis für das Tier, einem Hindernis auszuweichen. Die Käfer bewegen sich manchmal so schnell, daß sie ihre eigenen Wellen überholen. Aber in diesem Fall warnt das Gefälle der Wasseroberfläche die Tiere vor einem Hindernis. Der Fühler dient aber auch zum Beutemachen. Denn er registriert die verräterische Vibration noch des kleinsten Insekts, das ins Wasser fällt. Auch der Wasserläufer findet seine Nahrung auf ähnliche Weise und packt sie mit seinen kurzen Vorderbeinen. Dieses Insekt kommuniziert ebenfalls mit Hilfe von Wellensignalen. Es klopft mit seinen Beinen auf die Wasseroberfläche. Seine Botschaften verraten auch sein Geschlecht. Männliche Wasserläufer lösen einen Trommelwirbel von 90 Wellen pro Minute aus, weibliche klopfen dagegen nur zehnmal pro Minute. Aber auch andere Wasserbewohner orientieren sich unterhalb der Oberfläche an Wasserbewegungen.

Unterwasserschwingungen

Ein anderes, uns vertrautes Teichinsekt, der Rückenschwimmer, lauert direkt unterhalb der Wasseroberfläche. Mit Hilfe spezieller Organe in den ersten Segmenten der Beine ortet er die Schwingungen, die eine potentielle Beute im Wasser auslöst: Er preßt seine Beine gegen die Wasseroberfläche, wo sie selbst die geringsten Bewegungen fühlen können. Diese Art der Wahrnehmung von Wasserbewegungen machen sich viele Insekten zunutze. Im Wasser lebende Egel erkennen daran zum Beispiel, wann sich ein Tier nähert, dessen Blut eine Mahlzeit sein könnte. Am sensibelsten jedoch werden Wasserbewegungen von unter Wasser lebenden Wirbeltieren registriert. In der kalten, pechschwarzen Finsternis einer mexikanischen Unterwasserhöhle lebt der Astyanax fasciatus, ein erstaunlicher Fisch. Er ist blind, aber diese Tatsache hindert ihn nicht, einen Zufluchtsort, ein Weibchen und Nahrung zu finden. Mit Hilfe eines Systems, über das auch viele andere Fische und einige Amphibien verfügen, orientiert er sich in seiner dunklen Welt. Fische verfügen über Seitenlinienorgane, die entlang des Kopfes und des Körpers sitzen. Jedes Organ besteht aus empfindlichen Haaren. Sie ragen in eine kuppel- oder säulenförmige Gallertkappe, die sich bei jeder Wasserbewegung krümmt. Alle Störungen, gleich, ob von einem Freßfeind oder einem Beutetier ausgelöst, werden mit diesen Organen registriert. Weil sie sich entlang der ganzen Seite des Tieres befinden, empfängt jedes dieser Organe den störenden Reiz leicht differenziert. Auf diese Weise vermag der Fisch nicht

Seit Jahrhunderten wird immer wieder davon berichtet, daß sich Tiere vor einem Erdbeben oder einem Vulkanausbruch auffällig verhalten. Katzen packen ihre Jungen und fliehen, Pferde geraten in Panik, Vögel singen zur falschen Tageszeit, Kühe brechen aus ihren Ställen aus, und Ratten laufen am hellichten Tag über die Straße. Es hat den Anschein, als ob die Tiere die elektrischen Veränderungen in der Luft wahrnehmen können, die entstehen, wenn das Gestein unter Druck gerät.
Einige Tiere hören vielleicht schon lange vor dem Menschen das leise Grollen, mit dem ein Beben sich ankündigt. Vögel und Elefanten zum Beispiel sind empfindlich für Schall mit niedrigen Frequenzen und können daher schon reagieren, bevor ein Beben eintritt.

nur den Auslöser zu lokalisieren, sondern sich auch ein relativ genaues Bild von seiner Umgebung zu machen. Einzelne Mosaiksteine dieses Bildes können jedoch von Strömungen und Eigenbewegungen des Tieres beeinflußt und verfälscht werden.
Viele Tiere verfügen über ein raffiniertes Instrument, um derartige Verzerrungen zu korrigieren.
Ihre Seitenlinienorgane liegen vertieft in Röhren, die entlang des Kopfes und des Körpers verlaufen und durch Poren mit dem Wasser in Verbindung stehen.
Mit Hilfe dieses weiterentwickelten Systems kann ein Fisch auch dann Einzelheiten in seiner Umgebung wahrnehmen, wenn er schnell schwimmt. Die von ihm verursachten Wasserbewegungen werden von allen Objekten in seiner Umgebung reflektiert, und das Tier kann sich fortwährend orientieren. Die Seitenlinienorgane ermöglichen es dem einzelnen Tier auch, innerhalb eines Schwarms seinen Platz beizubehalten, gewissermaßen Strich zu schwimmen. Dieses System ist oft auch auf die Körpervibration von Beutetieren ausgerichtet. Pagothenia, ein Fisch der antarktischen Gewässer, frißt überwiegend Garnelen. Seine Lieblingsbeute vibriert mit 40 Hertz. Tatsächlich wird der Fisch sogar unwiderstehlich von allem angezogen, das mit dieser Frequenz vibriert – auch von einer künstlich in Schwingung versetzten Kugel.
In manch einem Fall ist eine solche Desorientierung der Raubfische für den Menschen gar nicht ungefährlich. Jagende Haie reagieren besonders empfindlich auf Vibrationen von 200 Hertz. Das aber ist genau die Frequenz, mit der Hubschrauberblätter rotieren. Hubschrauber-Rettungsaktionen haben deshalb schon so manchen Hai erst auf seine in Seenot geratene menschliche Beute aufmerksam gemacht.

Detektoren für die Luftbewegung

Bläst uns der Wind von vorn ins Gesicht, kennen wir auch seine Richtung. Meist aber machen wir die Windrichtung an irgend etwas in unserer Umgebung aus: an der Art, wie Bäume sich biegen oder Rauch getrieben wird. Sogar die Richtung einer leichten Brise können wir feststellen, wenn wir einen Finger benetzen, ihn in die Luft halten und merken, an welcher Seite der Finger abkühlt. Ein Skorpion aber kann selbst Luftbewegungen von nur 0,072 Kilometern pro Stunde wahrnehmen – nach der Beaufort-Skala also 100mal langsamere als die einer leichten Brise. Die natürlichen Windmeßgeräte des Skorpions bestehen aus speziellen Haaren auf seinen Zangen. Spinnen tragen ähnliche Haare an ihren Beinen. Jedes Haar läßt sich überwiegend in eine Richtung ausrichten und reagiert am stärksten auf Winde, die in diese Richtung wehen. Weil es die Bewegungen der einzelnen Haare registriert, kann das Tier auch die Richtung jeder Luftbewegung orten. Wenn er sich bewegt, verläßt sich der Skorpion auf die Informationen aus der Bewegung der Luft, die über seine Haare streicht. Auf diese Weise hält er Kurs.
Für Fluginsekten ist es lebenswichtig, Luftbewegungen genau zu kennen und so die Flugrichtung zu kontrollieren. Die Biene überprüft ihre Fluggeschwindigkeit daran, wie stark ihre Fühler von der vorbeiströmenden Luft nach außen gebogen werden. Sind sie zu stark gebogen, reagiert die Biene mit weniger kräftigen Flügelschlägen. So behält sie eine optimale Geschwindigkeit bei.
Für Insekten, die über große Entfernungen ziehen, etwa die Wanderheuschrecke, ist es noch wichtiger, sich die Flugstrecke ökonomisch einzuteilen. Die Heuschrecke benutzt dafür nicht nur ihre Fühler. Sie trägt zusätzlich ein kleines Haarbüschel auf dem Kopf, das empfindlich auf Luftbewegungen reagiert. Während des Flugs biegt die Luft die Fühler nach außen. Die Heuschrecke verringert ihren Flügelschlag, sie fliegt langsamer. Die

mittels der Haare wahrgenommenen Luftströmungen haben die gegenteilige Wirkung: Sie regen das Insekt an, schneller zu fliegen. Die beiden gegenläufig arbeitenden Systeme ermöglichen der Heuschrecke offenbar insgesamt eine sehr gute Geschwindigkeitskontrolle.
Wenn Insekten nämlich ihre Fluggeschwindigkeit ausschließlich anhand der vorbeiströmenden Luft bestimmen würden, müßten sie bei Gegenwind jede Flugaktivität einstellen. Tatsächlich kontrolliert ein Insekt seine Geschwindigkeit auch, indem es Ereignisse am Boden beobachtet. Auf diesen visuellen Informationen beruht dann auch die Gesamtkontrolle. Wenn der Erdboden sich nur langsam »bewegt«, richtet das Insekt seine Fühler nach innen und erhöht die Frequenz seiner Flügelschläge. Gleiten Dinge am Boden jedoch zu rasch vorüber, kompensiert das Insekt sein Tempo, indem es seine Fühler nach außen stellt. Auf diese Weise kann sich das Tier sogar bei leichtem Gegenwind vorwärtsbewegen.
Alle fliegenden Tiere brauchen solche Kontrollmechanismen, auch die Meister der Lüfte, die Zugvögel, reagieren äußerst sensibel auf Richtung und Stärke von Luftbewegungen. Sie wechseln häufig die Flughöhe, um optimale Bedingungen zu nutzen. Über Jahrzehnte konnte das Geheimnis dieser erstaunlichen Feinabstimmung nicht gelüftet werden. Erst jüngste Forschungsergebnisse deuten darauf hin, daß Zugvögel dafür ihre Federn einsetzen. Sie verfügen über zwei wichtige Federstrukturen: die Kontur- und die Flaumfedern. An jeder Konturfeder sitzen noch kleine haarähnliche Federn, die Bewegungen der Konturfedern folgen und an ihrem Ansatz sehr druckempfindlich sind. Sie teilen dem Vogel ständig die Position jeder Konturfeder mit. So kann der Vogel sein Gefieder in Ordnung halten und zerzauste Federn schnell wieder richten. Es hat den Anschein, als dienten die haarähnlichen Federn auch dazu, die Luftströme um den Körper eines fliegenden Vogels zu registrieren. Wenn man zum Beispiel auf die Brustfedern eines Raubvogels bläst, breitet er sofort die Schwingen aus.
Diese Theorie ist an einem Finkenvogel, dem kleinen Zeisig, überprüft worden. Wie viele kleine Vögel sparen auch die Zeisige auf weiten Flügen Energie, indem sie ihren Flügelschlag für kurze Zeit stoppen und durch kurzen Gleitflug unterbrechen. Die Wissenschaftler bedeckten nun für kurze Zeit die Brustfedern ihrer Versuchstiere, die daraufhin ihre Fluggeschwindigkeit erhöhten und keine Gleitflugunterbrechungen zeigten. Dieses Experiment zeigt, wie wichtig die freie Bewegung der Brustfedern für die Flugkontrolle ist.
Von weit größerer Bedeutung auf ihren langen Flügen ist jedoch das Navigationsvermögen der Zugvögel.

Tiere mit magnetischem Sinn

1975 wurden im Sediment von Woodhole/Massachusetts einige bislang unbekannte Bakterien entdeckt. In einer bis dato bei anderen Organismen noch nicht beobachteten Weise richteten sie ihre Bewegungsrichtung an den Magnetfeldern der Erde aus.
Weitere Untersuchungen ergaben, daß jedes Bakterium eine Kette von Kristallen einer Eisenverbindung enthielt, die als Magneteisenerz oder Magnetit bekannt ist und die immer in Richtung der Magnetpole der Erde weist. Jahrhundertelang sind Magnetitbarren von Seeleuten dazu benutzt worden, ihren Weg durch die unermeßlichen Weiten der Ozeane zu finden. Es ist noch gar nicht so lange her, daß dieses natürliche Erz im Kompaß durch künstliche Materialien ersetzt worden ist.
Während der kurzen Lebensdauer der Bakterien von ungefähr einer Stunde bewegten sie sich in die Richtung auf den Erdmagnetismus nach unten. Man glaubt, daß die normale Anzie-

Der Tastsinn der Schnurrhaare übertrifft die Empfindsamkeit anderer Körperteile bei weitem. Sie bestehen aus steifen modifizierten Körperhaaren. Der Drüsenbalg am Fuß eines jeden Schnurrhaares registriert sowohl die Richtung als auch die Geschwindigkeit der Abbiegung.
Eine Katze ohne Schnurrhaare wäre im Dunkeln hilflos und hätte Schwierigkeiten, enge Gänge zu passieren. Die Sinnesreize der Schnurrhaare haben denselben Weg der Informationsverarbeitung wie die, die von den Augen übermittelt werden. Anscheinend verarbeitet das Hirn der Katze beide Informationsquellen, um sich ein dreidimensionales Bild von der Umgebung zu machen.
Kegelrobben nutzen die Schnurrhaare, um Beute zu orten. Da immer wieder blinde und dennoch wohlgenährte Tiere aufgefunden werden, ist dieser Sinn vermutlich wichtiger als das Sehen. Schnurrhaare reagieren unter anderem auf Wasserbewegungen in der unmittelbaren Umgebung.

hungskraft der Erde sich kaum auf die Bakterien auswirkt, weil sie so klein sind. Deshalb sind sie wohl mit den Miniaturmagneten ausgestattet, die ihnen den Weg in das Sediment weisen.
Seit dieser Entdeckung ist Magnetit in vielen anderen Tieren gefunden worden, auch in der Honigbiene. Die Magnetitpartikel an ihrem Hinterleib ermöglichen es der Honigbiene wahrscheinlich erst, das Magnetfeld der Erde überhaupt zu fühlen. Experimente zeigen, daß man Bienen darauf trainieren kann, über das Signal eines künstlichen Magnetfeldes Gefäße mit Zuckerlösung zu finden. Offenbar folgen die Tiere ihrem Magnetsinn auch bei der Anlage ihrer Waben: Jeder Bienenkorb enthält eine Anzahl paralleler, senkrechter Waben. Wenn ein Bienenschwarm ausfliegt, um eine neue Kolonie zu gründen, achten alle Tiere darauf, die Waben in der gleichen Ausrichtung zu bauen, sagen wir einmal Ost–West, wie in ihrem Heimatstock. Die Ausrichtung der Waben kann jedoch durch ein künstliches Magnetfeld beeinflußt werden. Daran wird deutlich, daß Magnetismus im Richtungssinn der Bienen ein wichtiger Faktor ist.
Von Magnetismus lassen sich wohl auch die Monarchfalter auf einer der längsten in der Insektenwelt bekannten Wanderungen leiten. In jedem Herbst reisen diese in Nordamerika vorkommenden Tiere mehr als 4000 Kilometer in Richtung Süden. Die im Westen des Kontinents beheimateten Tiere ziehen nach Kalifornien, die im Osten beheimatete Population von (grob gerechnet) 100 Millionen Schmetterlingen überwintert in einem kleinen Gebiet Zentralamerikas. Die nach Süden ziehenden Schmetterlinge sind bereits um mehrere Generationen jünger als jene, die im voraufgegangenen Frühling nordwärts geflogen sind. Die Kenntnis der Wanderroute muß deshalb als vererbt gelten. Wie viele Schmetterlinge scheinen auch die Monarchfalter die Sonne als Kompaß zu benutzen. Allerdings ist die Fähigkeit, allein anhand des Sonnenstandes zu navigieren, bei den einzelnen Arten unterschiedlich stark ausgeprägt. Von allen Schmetterlingsarten, die bisher darauf untersucht wurden, enthalten die Monarchfalter die größte Menge an Magnetit. Wahrscheinlich nutzen auch sie die Magnetfelder der Erde, um das Ziel ihrer kraftzehrenden Reise überhaupt erreichen zu können.
Über Magnetit verfügen noch viele andere Arten. Zum Beispiel Schildkröten, Thunfische, Mäuse und Vögel. Wegen ihres magnetithaltigen Gewebes glaubte man früher von vielen Tieren, daß sie einen Magnetsinn haben. Inzwischen hat man jedoch bei so vielen unterschiedlichen Arten Magnetit gefunden, daß Zweifel an dieser Version laut geworden sind. Die Suche nach einem natürlichen magnetischen Wahrnehmungsorgan wurde wieder aufgenommen. Was auch immer des Rätsels Lösung sein mag, ganz sicher können viele Lebewesen das Magnetfeld der Erde wahrnehmen. Ein für Magnetismus empfindliches Sinnesorgan könnte sogar einige der Geheimnisse des Vogelzuges erklären.
Einem alten Volksglauben zufolge dachten früher manche Menschen, Vögel würden sich im Winter in andere Lebewesen verwandeln. Als die Wissenschaftler der Wirklichkeit allmählich auf die Spur kamen, förderten sie ans Wunderbare grenzende Fakten zutage, denn die anstrengenden Reisen setzen phänomenale Navigationskünste voraus.
Einige Untersuchungen deuteten darauf hin, daß Vögel, wie einst die Seeleute des Mittelalters, Sonne und Sterne nutzen, um ihren Weg zu finden. Doch auch wenn man einem Vogel die Sicht hindernde Schalen auf die Augen setzt, kann er seine Reise erfolgreich fortsetzen. Andere Untersuchungen ließen darauf schließen, daß die Tiere sich von Geruchssinn und Gehör leiten lassen. Wiederum konnten auch Vögel, bei denen einer dieser Sinne künstlich behindert war, ihre Reiseroute unbeirrt zu Ende verfolgen. So, wie wir uns mehrerer unserer Sinne bedienen, um uns zu orientieren, nutzen vermutlich auch Vögel eine

ganze Palette von Sinneseindrükken für die Navigation. Grundlage der Navigationsleistung ist aber offenbar ein hochentwickelter Magnetsinn. Man hat vermutet, daß junge Vögel ihren Magnetsinn nutzen, um einen Kompaß einzustellen, der an Sonne und Sternen ausgerichtet ist. Später verlassen sie sich dann zunächst immer auf diesen Himmelskompaß und richten sich nur bei schlechter Sicht am Magnetfeld der Erde aus, etwa bei bedecktem Himmel. Die meisten Menschen gehen davon aus, daß wir ohne das künstliche Hilfsmittel des Kompasses das Magnetfeld der Erde gar nicht wahrnehmen könnten. An der Universität von Manchester/England wurden Versuche durchgeführt, die klären sollten, ob auch wir einen natürlichen Magnetsinn besitzen. Bei einem der Experimente wurde einer Gruppe von Studenten die Augen verbunden, bevor sie zu einer Busreise aufbrach. Der einen Hälfte der Studenten waren starke Magnete am Kopf befestigt worden, der anderen nichtmagnetische Metallbarren. Als der Bus hielt und die Studenten in Richtung auf den Ausgangsort zeigen sollten, gelang dies den Testpersonen ohne Magnete deutlich besser. Man kann daraus schließen, daß die künstlichen Magnete einen natürlichen Magnetsinn irritieren. Andere Experimente in Manchester führten zu ähnlichen Ergebnissen. Weitere Versuche an anderen Universitäten, die die Ergebnisse von Manchester bestätigen sollten, sind jedoch leider gescheitert. Obwohl vieles darauf hindeutet, daß auch wir über einen Magnetsinn verfügen, ist er bisher nicht nachgewiesen.
An der Erdoberfläche können mit Hilfe sehr empfindlicher Instrumente auch winzige Veränderungen in der Stärke des irdischen Magnetfeldes registriert werden. Diese Daten werden benutzt, um, ähnlich unseren Erdkarten, Magnetfeldkarten zu erstellen. Der Magnetsinn einiger Tiere ist offenbar so hoch entwikkelt, daß sie diese Abweichungen nutzen, um ihren Weg zu finden.

Magnetische Pfade

Gelegentlich stranden große Gruppen von Walen am Ufer. Sie sind unfähig, ihre gewaltige Körpermasse zurück ins Meer zu bewegen. Dieses Phänomen ist seit Jahrhunderten bekannt, ohne daß man sich das bizarre Verhalten erklären konnte. So vermutete man beispielsweise, daß die Tiere unter einer plötzlichen Desorientierung ihres Navigationssystems leiden. Schließlich verglich man die Stellen, an denen die Meeressäuger in Großbritannien und den USA gestrandet waren, mit Magnetkarten dieser Regionen. Auf solchen Karten sind die Abweichungen in der Intensität des Magnetfeldes der Erde – verursacht durch die Unterschiede der Schichtungen im Gestein – anhand von Höhenlinien dargestellt. Gebiete mit hohem Magnetismus erscheinen als Hügel, solche mit niedrigem als Täler. Am häufigsten waren die Tiere dort gestrandet, wo die »Täler« aus dem Meer direkt an das Ufer führen. Diese Erkenntnis ließ darauf schließen, daß die Wale bei der Navigation einer Route folgen, die sich am Magnetfeld des Meeresbodens orientiert. Auch an Land gibt es starke magnetische Abweichungen, die Desorientierung auslösen. Doch existieren dort viele physikalische und andere Merkmale, die als Wegweiser genutzt werden. In den dunklen Weiten der Ozeane entfallen solche Orientierungspunkte, allerdings sind die Magnetfeldveränderungen dort gleichbleibend. Magnetische Hügel und Täler erstrekken sich über riesige Entfernungen am Meeresboden. Man vermutet, daß die Wale diese magnetischen Konturlinien als unsichtbare »Straßen« benutzen. Was genau es ihnen aber ermöglicht, selbst minimale Veränderungen zu erspüren, bleibt noch ein Geheimnis.
Am Meeresufer stranden normalerweise nur Wale, die über weite Entfernungen wandern.

Zugvögel nutzen ihren Sinn für Magnetismus, um die richtige Route zu finden, unterstützt von Informationen, die sie vom Stand der Sonne und dem der Sterne erhalten. Die Vögel verlassen sich auch auf den Erdmagnetismus und darauf, daß sich um sie herum magnetische Kraftlinien verbreiten, wie das auch bei einem Magnetbarren der Fall ist. Ein Zugvogel findet die Kompaßrichtung, indem er beim Durchfliegen dieser unsichtbaren Kraftlinien die Winkel wahrnimmt, die diese zu seinem Körper bilden. Für einen nördlichen Zugvogel, wie zum Beispiel die Ringelgans, weisen diese Kraftlinien in Richtung auf den Vogel, wenn er Richtung Süden, und von ihm fort, wenn er Richtung Norden fliegt. Auf der Höhe des Äquators verlaufen die Kraftlinien horizontal. In bezug zum Vogelkörper sind sie also weder nach Norden noch nach Süden gerichtet. Vögel, wie beispielsweise Flamingos, die diese Region auf ihrer Reise überfliegen, können die magnetischen Informationen bei der Bestimmung ihrer Flugrichtung deshalb sehr schwer nutzen. Sie müssen sich an anderen Anhaltspunkten orientieren.

Die eher standorttreuen Delphine und Tümmler geraten selten in solche Schwierigkeiten. Sie sind vermutlich mit all den kleinen örtlichen Anomalien vertraut und lassen sich deshalb vom abweichenden Magnetismus in ihrem Lebensraum weniger leicht verwirren. Neben seiner enormen Anziehungskraft hat das Magnetfeld der Erde noch eine andere nützliche Eigenschaft. Es induziert einen elektrischen Strom, der alles durchfließt, was dieses Feld durchquert, und Elektrizität leiten kann. Dieser Effekt wird bei der Herstellung von Dynamos genutzt. In einem einfachen Dynamo wird in einer Drahtspule elektrischer Strom erzeugt, weil diese Spule zwischen entgegengesetzten Magnetpolen rotiert. Wenn ein Fisch das Magnetfeld der Erde durchschwimmt – so wie die Drahtspule in einem Dynamo –, fließen winzige elektrische Ströme in seinen Körper. Schwimmt der Fisch jedoch am Magnetfeld vorbei, fließt kein Strom. Wenn der Fisch in der Lage war, jene winzigen Induktionsströme in seinen Körper aufzunehmen, können sie ihm als zusätzlicher Wegweiser im Magnetfeld der Erde dienen. In der Tat verfügen viele Unterwassertiere über feine Elektrizitätssensoren, mit denen sie die Induktionsströme wahrnehmen. Offenbar helfen sie ihnen bei der Orientierung. Viele Arten nutzen Elektrizität auch beim Beutemachen. Allerdings dient ihnen dabei eine besondere Art von Elektrizität – eine, die von der Beute selbst produziert wird.

Sensoren für Elektrizität

Unser gesamter Organismus arbeitet mit Hilfe von Elektrizität. Die Vermittlung von Botschaften in unserem Nervensystem beruht auf elektrischen Impulsen. Jede Muskelzelle wird durch Elektrizität aktiviert. Diese körpereigene Elektrizität wird angezapft, um Krankheiten diagnostizieren zu können, etwa für die Untersuchung des Herzens durch das Elektrokardiogramm und für die Untersuchung des Gehirns durch das Elektroenzephalogramm. Ohne solche Geräte können wir die elektrischen Ströme anderer Menschen nicht wahrnehmen. Hinzu kommt, daß Luft ein schlechter elektrischer Leiter ist, ganz im Gegensatz zu Wasser. Viele Unterwasserbewohner haben die Fähigkeit entwickelt, die Elektrizität eines Körpers zu erspüren.

Zu diesen Spezialisten gehört das Schnabeltier, das vielleicht eigenartigste aller Säugetiere. Es legt Eier und hat einen abgeflachten entenähnlichen Schnabel. Das Schnabeltier lebt in Seen und Flüssen Australiens, wo es in trübem Wasser häufig nach Garnelen jagt. Daß dieses Tier empfindlich auf Elektrizität reagiert, zeigte sich in Versuchen, bei denen Batterien in ein Wasserbecken gegeben wurden. Das Schnabeltier beschäftigte sich intensiv mit einer geladenen 1,5-Volt-Batterie, eine leere Batterie ignorierte es dagegen völlig. Dieses Verhalten führte zu einem weiteren Experiment: Dabei installierten die Wissenschaftler im Becken zwei Aluminiumplatten in einem Abstand von drei Metern. Die Platten wurden unter Strom gesetzt, wobei die Spannung nur sehr gering verändert wurde. Die Reaktionen des Schnabeltiers zeigten, daß es selbst Feldstärken von nur einem 500 Millionstel Volt (0,05 Mikrovolt) pro Zentimeter wahrnehmen kann. Dank dieser Empfindlichkeit ist es einem Schnabeltier ohne weiteres möglich, eine Garnele aus einer Entfernung von mehr als einem Meter auszumachen, denn Krustentiere erzeugen bei jedem ihrer Schwanzschläge winzige elektrische Felder von bis zu einem Tausendstel Volt (0,2–1 Millivolt) pro Zentimeter.

Weitere Untersuchungen ergaben, daß sich der Sensor für die Elektrizität in seinem Schnabel befindet. Möglicherweise ist er in Drüsen eingebettet, die eine Flüssigkeit aussondern, damit die Sensoren nicht austrocknen,

wenn das Tier an Land geht. Der flache Schnabel ist auch reichlich mit Tastrezeptoren versehen, offenbar nutzt das Schnabeltier seine Elektrizitäts- und seine Tastrezeptoren für die Nahrungssuche.
Bis heute ist die Fähigkeit, so geringe Elektrizitätsmengen ohne Direktkontakt wahrzunehmen, noch von keinem anderen Säugetier bekannt. Einige aquatische Entwicklungsstufen der Amphibien, beispielsweise Wassermolche und Blindwühlen, sind dazu jedoch in der Lage. Dasselbe gilt für viele Fische. Plattenkiemer wie Haie und Rochen gehören zu einer entwicklungsgeschichtlich sehr alten Gruppe von Fischen, die ein Skelett aus Knorpel haben. Wie Knochenfische verfügen auch sie über Seitenlinienorgane, die von Beutetieren verursachte Wasserbewegungen registrieren können. Die werden allerdings auch dann entdeckt, wenn sie regungslos verharren, denn Haie und Rochen nehmen auch noch die Elektrizität, die von den Muskeln der Beutetiere beim Atmen produziert wird, wahr – und zwar sogar dann, wenn sich die Beute im Sediment versteckt.
Ihre elektroempfindlichen Sensoren, bekannt als die Lorenzinischen Ampullen, sitzen am Kopf. Die mit Gallertmasse gefüllten Röhren haben Elektrorezeptoren-Zellen an ihrem Ende. Sie sind empfindlich genug, um die winzigen Entladungen eines anderen Tieres wahrzunehmen, die stärksten Elektrizitätsquellen sind Muskelzellen. Auf diese Weise nehmen Haie und Rochen andere Fische als grobes, flimmerndes Bild von Herzen, Kiemen und anderen Muskeln wahr. Sie müssen aber dem potentiellen Beutetier bis zu etwa einem Meter nahe sein, weil die elektrischen Muskelentladungen entsprechend schwach sind. Von besonderer Bedeutung ist diese Wahrnehmung in trübem Wasser. Es hilft auch, Beutetiere zu orten, die sich in unmittelbarer Nähe versteckt halten. Einige Knochenfische wie der Echte Wels verfügen über ähnliche elektroempfindliche Sensoren. Sie liegen als Teile des Seitenlinienorgans entlang des Körpers in Röhren.
Die meisten Fische nutzen die Elektrizität gewissermaßen passiv, indem sie anhand der verräterischen Entladungen ihre Beutetiere orten. Einige wenige Arten haben jedoch eine aggressive Methode der Annäherung entwickelt.

Die Betäuber

Der Betäuberfisch, von dem Plinius der Ältere schon im ersten Jahrhundert nach Christus berichtete, ist uns heute als Zitterrochen bekannt. Lange blieb seine Fähigkeit, Tiere in seiner Nähe zu paralysieren, ein Geheimnis – bis man die Funktion der mächtigen Organe an Kopf und Kiemen richtig deuten konnte. Sie können eine Spannung von mehr als 200 Volt erzeugen. Zitterrochen lauern am Boden des Meeres, häufig in seichtem Wasser. Wer das Pech hat, auf so ein Tier zu treten, wird von einem schmerzhaften Schlag getroffen. Der Rochen muß nicht – wie die meisten anderen Raubfische – viel Energie auf die Jagd verwenden. Mit Hilfe seiner elektrischen Entladungen betäubt er zunächst die Beute, um seinen scheibenförmigen Körper dann nur einmal kurz zu wellen und so eine Wasserströmung zu schaffen, die ihm die Mahlzeit in das Maul treibt. Auch der Katzenwels verfügt über ähnliche Fähigkeiten. Ausgewachsene Tiere sind bis zu einem Meter lang und können bis zu 300 Volt Elektrizität erzeugen. Jungtiere, die nur zwei Zentimeter lang sind, erzeugen immerhin schon eine Spannung von zehn Volt. Zitterrochen leben allerdings in einer erheblich günstigeren Umgebung: Während die Katzenwelse im Nil und im Kongo, also im Süßwasser, vorkommen, das Elektrizität wesentlich schlechter leitet, leben die Meeresrochen im Salzwasser. Die erstaunliche Span-

Elektrische Fische nehmen ihre Umwelt mit Hilfe eines elektrischen Feldes wahr, das von speziellen modifizierten Muskelzellen erzeugt wird. Wenn der Fisch schwimmt, werden die Feldlinien durch jedes Objekt verzerrt, das an dem Tier vorbeischwimmt. Die Art der Verzerrung hängt davon ab, wie gut diese Objekte Elektrizität leiten. Auf dem großen Bild wird das Kraftfeld durch die Linien dargestellt, die den Fisch umgeben. Gutleitende Pflanzen bringen die Linien dazu, sich einander zu nähern. Steine sind dagegen schlechte Leiter; die Linien weichen auseinander. Diese Veränderungen werden von Sensoren registriert, die entlang des Fischkörpers sitzen. Das Bild zeigt einen Zitteraal. Dieser Fisch ist in der Lage, die Voltzahl seines Feldes zu erhöhen, um jeden Beutefisch zu betäuben, der in dieses Feld hineingerät.

nung von 300 Volt, die ein erwachsener Katzenwels erzeugt, wirkt nur dann betäubend, wenn ihm sein Opfer sehr nahe ist. Ein Mitglied der Gruppe der elektrischen Fische, der Zitteraal, arbeitet mit noch weit höherer Voltzahl. Sein Schwanz enthält 10 000 winzige elektrische Organe, die in 70 Kolonnen angeordnet sind. Mehr als die Hälfte des Fischkörpers dient allein der Elektrizitätsproduktion. Auf diese Weise erreicht er die kaum glaubliche Zahl von 550 Volt, die sogar für den Menschen tödlich sind. Einige dieser elektrischen Fische erzeugen wesentlich kleinere elektrische Felder um ihre Umgebung zu erkunden. Manche Verwandte des Zitteraals, etwa der nur schwach elektrische Messerfisch Südamerikas, und eine nicht-verwandte Gruppe, die Nilhechte Afrikas, machen sich ebenfalls diese Technik zunutze.

Elektrizitätsfeld-Erzeuger

Der Messerfisch und der Nilhecht erzeugen ihre Elektrizität mittels einer Anhäufung modifizierter Muskelzellen. Doch reicht diese Elektrizität nicht aus, um andere Tiere auch nur zu verletzen, geschweige denn, sie zu töten. Sie übersteigt kaum ein Volt. Andererseits genügt das aber, um in der unmittelbaren Umgebung des Fisches ein elektrisches Feld zu erzeugen. Jedes dieser Felder verändert sich, abhängig davon, wie gut oder schlecht Objekte im Feld Elektrizität leiten. Etwaige Veränderungen des elektrischen Feldes verraten Hindernisse – zum Beispiel andere Tiere – in der unmittelbaren Umgebung. Elektrorezeptoren entlang des Fischkörpers überwachen ständig das Feld und registrieren jede Störung. Sie stehen mit demselben Teil des Gehirns in Verbindung wie die Augen, dem Mittelhirndach (Tectum). Womöglich kann der Fisch sich mit diesen Informationen ein Bild von seiner Umgebung machen, wenn auch nur ein undeutliches. Dabei erzeugen die Tiere keineswegs ständig Elektrizität, sondern schalten die Produktion je nach Bedarf an oder aus. Manche produzieren gleichmäßig oszillierende Wellen mit einer Frequenz von ungefähr 50 Hertz – derselben Frequenz unserer Haushaltselektrizität also. Einige können die Geschwindigkeit aber bis auf 2000 Hertz erhöhen. Andere produzieren eher eine schnelle Folge von Impulsen, die eine Art Knakken auslösen. Alle diese Fische benutzen elektrische Felder, um Beute auszumachen. Arten, die Impulse produzieren, erhöhen die Impulszahl, während sie die Beute ansteuern. Auf diese Weise entsteht ein deutlicheres Bild des Opfers. Arten, die Wellen erzeugen, erzielen dieselbe Wirkung, indem sie die Voltzahl ihres Feldes verstärken.

Mit Hilfe ihrer elektrischen Felder übermitteln elektrische Fische einander zahlreiche Informationen. So verraten die Felder das Geschlecht des Artgenossen, sein Alter, seine »Gemütsverfassung« und seine Paarungsbereitschaft. Es kann jedoch passieren, daß sich das eigene Feld eines Fisches mit dem eines anderen überschneidet. Die einzelnen Gruppen behelfen sich in unterschiedlicher Weise: Die einen stoßen dann so kurze und unregelmäßige Impulse aus, daß die Klickgeräusche kaum mißverstanden werden können. Die meisten gesellig lebenden elektrischen Fische ändern die Frequenz ihrer Wellenproduktion leicht ab. So werden Konfusionen mit Artgenossen vermieden, die sich in der Nähe aufhalten und mit der eigentlich arteigenen Frequenz operieren.

Die elektrischen Fische zeigen noch eine weitere erstaunliche Leistung. Mit ihren sehr empfindlichen Rezeptoren fangen sie die schwachen Signale anderer Fische auf. Diese Rezeptoren werden aber nicht durch das eigene elektrische Feld des Fisches irritiert. Die Nilhechte verfügen über zwei Arten von Rezeptoren – hochempfindliche, mit denen sie Botschaften aufnehmen, und weniger empfindliche, mit de-

nen sie das eigene Feld kontrollieren. Die Kommunikationsrezeptoren werden immer dann abgeschaltet, wenn ein Feld erzeugt wird.
Die elektrischen Sensoren der Fische dienen vielerlei Funktionen. Sie reagieren nicht nur auf Elektrizität, sondern auch auf andere Reize, die dazu beitragen, ein genaueres Bild von ihrer Umgebung zu vermitteln. Auch die Spezialisten unter den Lebewesen verlassen sich niemals nur auf ein hochentwickeltes Sinnesorgan. Sogar die uns sprichwörtlich vertrauten fünf Sinne tragen zu außerordentlichen Leistungen bei – wie das Beispiel des Königs der Meere, des Hais, zeigt.

Die Sinneswahrnehmungen kombinieren

Die Filmindustrie hat den Hai zu einem der meistgefürchteten und zugleich populärsten Tiere gemacht. In Wirklichkeit greift dieses Tier, das einer ähnlichen Legendenbildung dient, wie es einst der Wolf tat, äußerst selten Menschen an. Die meisten seiner Attacken entstehen aus einer Art Sinnesverwirrung des Hais. Ein jagender Hai läßt sich von der freigesetzten körpereigenen Elektrizität des Opfers leiten. Das kann für Menschen fatale Folgen haben, wenn der Hai nämlich die Elektrizität eines Schwimmers mit der eines Fisches verwechselt. Unglücklicherweise geben Verletzte erhöht Elektrizität ab und sind deshalb besonders gefährdet. Solche Unfälle ereignen sich aber selten, weil das Sinneninstrumentarium des Hais phantastisch vielfältig ist. Sein Hörvermögen ist so außerordentlich, daß er sogar die Schwimmgeräusche eines anderen Fisches hören kann. Und damit nicht genug: Er kann auch noch die minimalen Wasserbewegungen wahrnehmen, die von den zuckenden Muskeln seiner Beute ausgelöst werden. Seine Augen sind zehnmal lichtempfindlicher als unsere. Da sie auf die Farben der Welt unter Wasser ausgerichtet sind, sieht ein Hai ganz anders als ein Taucher. Hinzu kommt, daß er Beute allein am Geruch lokalisieren kann, Blut riecht er über eine Entfernung von mehr als einem halben Kilometer. Die Kombination all dieser Sinneswahrnehmungen macht den Hai zu einem faszinierenden Ausnahmegeschöpf, das mit dem Bild der Kinoleinwand wenig gemein hat.

DAS SEHEN

Das Licht vermittelt uns mehr Informationen als jeder andere Reiz in unserer Umgebung. So hat sich im Laufe unserer Entwicklungsgeschichte unsere Sehkraft so gut entwickelt, daß wir sie zu Recht als *unseren* Supersinn betrachten.

Unser Sehvermögen ist für uns so wichtig, daß wir es auf unser Verständnis von den Sinneswelten anderer Tiere projizieren. Es bestimmt sogar den Wortschatz, mit dem wir diese Welten beschreiben. Wenn ein Fisch Elektrizität oder Wasserbewegungen nutzt, um sich in seiner Umwelt zu orientieren, stellen wir uns vor, daß er die jeweiligen Reize zu einem richtigen Bild zusammenfügt. Tatsächlich werden Elektrizität, Wasserwellen und Licht von den Objekten der Umgebung beeinflußt, wenn auch auf gänzlich unterschiedliche Weise. Alle diese Informationen »erklären« die Umwelt.

Wir bilden uns einen Eindruck von unserer Umgebung anhand der Art und Weise, mit der Licht von Objekten absorbiert oder reflektiert wird. Doch das sichtbare Licht ist nur ein kleiner Teil eines weiten Spektrums elektromagnetischer Wellen. Unsere Augen können nur gewisse Wellenlängen dieses Spektrums wahrnehmen. Aber wir haben Geräte entwickelt, die auf andere Wellenlängen ansprechen. Elektromagnetische Wellen von mehreren Kilometern und weniger als einem Meter werden empfangen, wenn wir ein Radio auf Lang- oder Kurzwelle einstellen. Mikrowellen, die nur eine Spanne von wenigen Millimetern bis zu einigen Zentimetern einnehmen, werden für Radarsysteme und Küchenherde genutzt. Kürzere Wellenlängen empfinden wir als Wärme. Das gilt auch für unsere Körperwärme. Die Grubenorgane der Schlangen können diese infraroten Strahlen sammeln und daraus ein grobes Wärmebild erstellen.

Die Strahlung, die wir Licht nennen, umfaßt – wie gesagt – nur einen winzigen Teil des Spektrums, Wellen von ungefähr einem 400 bis 700 Millionstel eines Millimeters (400–700 Nanometer). Wir sind nicht nur in der Lage, innerhalb dieser Bandbreite die unterschiedlichen Wellenlängen wahrzunehmen, sondern können auch ihre Farben erkennen. Die höheren Wellenlängen, reflektiert von zum Beispiel dem Laub der Bäume im Herbst, erscheinen uns als Rot- oder Orangetöne. Die niedrigeren Wellenlängen, die unser Auge vom Meer erreichen, sehen wir als Grün- und Blautöne.

Andere Tiere nehmen einen leicht verlagerten Teil des Spektrums wahr. Einige Süßwasserfische können weiter in den langwelligen, roten Bereich des Spektrums sehen als wir. Andererseits gibt es viele Insekten, Fische und Vögel, die in der Lage sind, auf der anderen Seite des Spektrums bis in den Bereich der ultravioletten Strahlung hinein zu sehen, die für uns unsichtbar ist. Noch kürzere Wellenlängen sind schädlich für das Gewebe. Deshalb werden sie – mit Ausnahme des Menschen – von keinem Lebewesen genutzt. Doch auch wir können diese Wellen nicht direkt wahrnehmen. Mit Hilfe von Geräten allerdings haben wir uns die durchdringende Kraft der kurzwelligen Röntgen- und Gammastrahlen nutzbar gemacht, um in das Innere des menschlichen Körpers hineinzublicken und Krankheiten zu diagnostizieren.

Sogar der Wellenlängenbereich, den außer uns noch andere Tiere wahrnehmen, kann recht unterschiedliche Eindrücke hervorrufen. Denn in der belebten Welt

Gegenüberliegende Seite: Ein Wanderfalke

gibt es viele, höchst unterschiedliche Konstruktionen des Sichtorgans Auge. Vögel haben ähnliche Augen wie wir. Doch einige Arten sind in der Lage, einen Teil ihres Blickfeldes zu einer Art Nahaufnahme zu vergrößern. Andere können dagegen wesentlich mehr Schattierungen wahrnehmen. Insekten haben eine Matrix winziger Linsen, Libellen bis zu 30 000. Andere wirbellose Tiere können das Licht mit »natürlichen Spiegeln« sammeln. Einige Krebse gewinnen einen Eindruck von ihrer Umgebung, indem sie sich eines Hilfsmittels bedienen, das wie der Kathodenstrahl in einer Fernsehkamera funktioniert. Das Bild wird elektronisch abgetastet.

Wie wir schon gesehen haben, ist die Konstruktion des Auges nicht das einzige Kriterium, das die Wahrnehmung eines Tieres bestimmt. Für uns ist es selbstverständlich, daß wir unsere Augen öffnen, alles um uns herum beobachten können und dabei auch noch in der Lage sind, die kleinste Bewegung wahrzunehmen. Diese Fähigkeit beruht in Wirklichkeit jedoch hauptsächlich auf der Leistung des Gehirns. Vom Auge erhält es lediglich Informationen über Helligkeit und Wellenlängen des Lichts. Erst das Gehirn koordiniert diese Angaben zu einem vielfarbigen dreidimensionalen Bild, was eine erhebliche Hirnleistung voraussetzt. Viele andere Tiere sind mindestens genauso stark oder sogar noch stärker von anderen Sinnen abhängig. Ihr Hirn wird von den Informationen, die das Auge weiterleitet, viel weniger beansprucht. Deshalb mag ein Tier, dessen Augenkonstruktion der unseren ähnlich ist, dennoch ein viel weniger detailliertes Bild gewinnen als wir. Beinahe jedes Tier ist in der Lage, Sonnenlicht wahrzunehmen. Doch einige Tiere können nur zwischen Hell und Dunkel unterscheiden.

Die Lichtwahrnehmung

Grüne Pflanzen nutzen das Sonnenlicht, um mit seiner Hilfe anorganisches Material wie Kohlendioxyd und Wasser zu ihrer Nahrung Glukose zu verarbeiten, wobei unter anderem Sauerstoff freigesetzt wird. Ein Prozeß, der als Photosynthese bekannt ist. Sie gewinnen Energie mit Hilfe von Chlorophyll, einem Pigment, das seine Molekülform durch Lichteinwirkung verändert und deshalb lichtempfindlich genannt wird. Tiere sind auf ein anderes lichtempfindliches Pigment, das Rhodopsin, angewiesen, um Licht wahrnehmen zu können.

Bei einzelligen Tieren können die Pigmente entweder verteilt oder zu einem Augenfleck in der Zelle konzentriert sein. Bei höherentwickelten Tieren dienen meist ganze Zellen der Lichtwahrnehmung. Auch bei diesen Arten können die Zellen auf der gesamten Oberfläche des Körpers verteilt oder zu einem oder mehreren Augenflecken verdichtet sein. Diese lichtempfindlichen Zellen registrieren aber nur, ob es hell oder dunkel ist. Seestern, Plattwurm und andere entwicklungsgeschichtlich alte Tiere verfügen über ein etwas leistungsfähigeres System. Ihre Augenflecken liegen in einer schalenförmigen Vertiefung, die die Zellen beschattet. So kann das Tier einen Eindruck davon bekommen, in welcher Richtung die Lichtquelle liegt. Entwicklungsgeschichtlich jüngere, also höherentwickelte Tiere haben tiefere Schalen, gefüllt mit vielen lichtempfindlichen Zellen. So konnten sich allmählich komplexe Augen entwickeln, die die Augenflecken nach und nach überflüssig machten.

Es gibt allerdings Insekten, die nicht nur über gut entwickelte Augen verfügen, sondern bei denen die einfachen Augenflecken erhalten geblieben sind. Die der Libelle zum Beispiel sitzen an beiden Seiten des Kopfes und sind auf den Horizont ausgerichtet. Sie dienen aber nur der Unterscheidung zwischen dem hellen Himmel und der dunklen Erde, können Einzelheiten nicht auseinanderhalten, sind jedoch eine hervorragende Hilfe, um die Flughöhe zu bestimmen. Auch Schwalbenschwanz-Schmetterlinge haben ihre einfacheren, lichtempfindlichen Zellen beibehalten. Sie sitzen auf den Fortpflanzungsorganen. Während der Paarung klammern sie sich mit Haken aneinander. Man nimmt an, daß die Augenflecken bei diesem schwierigen Vorgang gebraucht werden.

Einfache Augen

Bei der einfachsten Form der echten Augen ist die Öffnung der schalenförmigen Vertiefung verengt. Deshalb können die lichtempfindlichen Zellen nicht nur einen Eindruck von Licht und Dunkelheit empfangen, sondern schon ein grobes Bild weiterleiten. Diese Wirkung war Vorbild für die ersten Kameras, die noch keine Linsen hatten. Das Bild entstand, weil das Licht wie durch ein Nadelöhr geleitet wurde. Wenn die Öffnung einer solchen Kamera groß ist, streuen sich die reflektierten Lichtstrahlen nahe beieinanderliegender Punkte und überlappen sich auf der Leinwand. Wird das Loch verengt, reduziert sich die Überlappung der Lichtstrahlen, die von zwei dicht beieinanderliegenden Punkten reflektiert werden, und man kann eventuell ein klares Bild erhalten.

Das Auge eines entwicklungsgeschichtlich alten, marinen Kopffüßers, des Nautilus, funktioniert wie eine Lochkamera. Das Tier sitzt in einer vielkammerigen Schale, die Schwimmkraft erzeugt und Schutz bietet. Diese Tiere leben seit rund 400 Millionen Jahren im Meer und haben sich seither kaum verändert. Ihr Auge hat einen Durchmesser von circa einem Zentimeter und ist vollgepackt mit bis zu vier Millionen Lichtrezeptoren. In jedem Auge befindet sich eine Öffnung, deren Weite von drei Millimetern bis zu winzigen 0,4 Millimeter verengt werden kann. Wenn die Öffnung nur noch minimal ist, kann der Nautilus bei günstigem Licht klare Bilder erkennen. Die meiste Zeit jedoch lebt er in einer so gut wie lichtlosen Unterwasserwelt. Deshalb muß diese Art Blende meist weit geöffnet sein, damit er überhaupt etwas sehen kann.

Ein höchst wichtiger Teil fehlt jedoch dem Auge des Nautilus, eine Linse. Ein Auge mit dieser Zusatzeinrichtung nämlich kann ruhig weit geöffnet sein, weil sie das Licht bündelt. Die streuenden Strahlen konvergieren und formen ein klares Bild. Viele Wirbellose und alle Wirbeltiere verfügen über eine solche Linse in ihren Augen. Die meisten Spinnen haben acht Augen. Doch nur zwei davon sind hoch genug entwickelt, um ein Bild zu liefern. Die einfacheren Augen dienen dazu, Bewegungen an der Peripherie wahrzunehmen. Geschieht das, führen sie die Hauptaugen in Richtung auf die mögliche Beute. Nur die wichtigen, nach vorn gerichteten Augen konstruieren ein Bild von nennenswerter Qualität. Sie registrieren vor allem die Zahl der Beine im Blickfeld – sechs Beine signalisieren Nahrung, acht deuten auf einen möglichen Geschlechtspartner hin. Diese Augen besitzen eine Linse, die das Licht auf die lichtempfindlichen Zellen leitet, die in Schichten gelagert sind und die Netzhaut bilden. Sie ist ungewöhnlich, denn sie kann bewegt werden, um die Gegend abzusuchen. Dieses System funktioniert recht gut. So können die Hauptaugen der Portia, einer jagenden Spinne, durchaus mit jenen einiger Wirbeltiere verglichen werden, denn sie produzieren ein Bild, das nur sechsmal schlechter ist als das unserer Augen.

Das Spektrum des sichtbaren Lichts

Tieraugen können nur einen kleinen Teil des Spektrums elektromagnetischer Wellen sehen. Dieses Energieband ist als Licht bekannt. Unsere Augen sind in der Lage, einen großen Teil des Lichts in Farbbegriffe umzusetzen – eine Fähigkeit, die wir mit engen Verwandten wie den Gorillas teilen. Am oberen und unteren Rand des für uns sichtbaren Spektrums gibt es jedoch Wellenlängen, die andere Tiere wahrnehmen können. Mit Hilfe von Grubenorganen sehen Pythons und Klapperschlangen die infrarote Strahlung, die von lebenden Körpern ausgeht. Ein Goldfisch kann nicht nur im Infrarot-, sondern auch im Ultraviolettbereich wahrnehmen – beide Wellenlängen sind für unsere Augen unsichtbar. Auch einige Vögel können Ultraviolett sehen. Bei vielen Insekten ist das Sehen in Richtung auf diesen kurzwelligen Teil des Spektrums hin verschoben. Fische, die im tiefen Ozean leben, haben ihre Augen nur auf die blaue Farbe des sie umgebenden Lichts ausgerichtet.

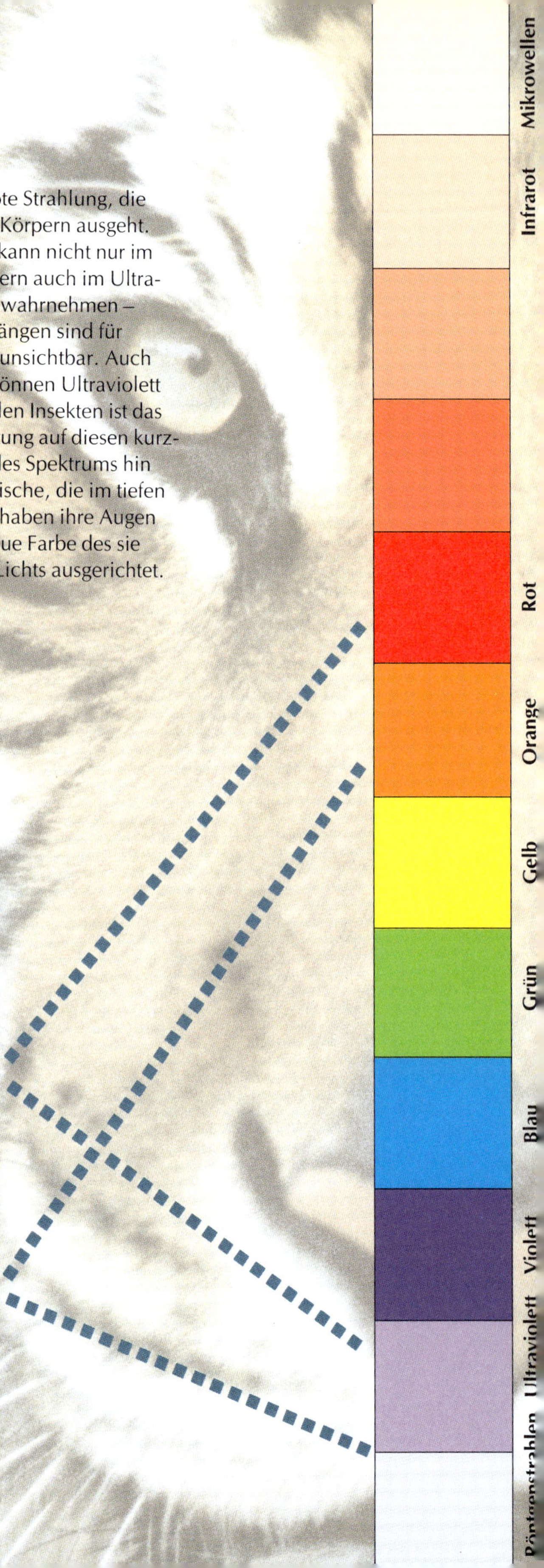

Grubenorgane

Kameraaugen

Die Augen aller Wirbeltiere sind ähnlich gebaut. Ihre Konstruktion kann mit der einer modernen Kamera verglichen werden. Bei Landtieren funktioniert die Hornhaut, das transparente Fenster an der Vorderseite des Auges, wie das erste Element einer Kameraoptik. Sie bündelt oder bricht das ins Auge fallende Licht. Die Brechung entsteht, weil das Licht sich in der Luft mit einer anderen Geschwindigkeit bewegt als in der Hornhaut. Da andererseits die Geschwindigkeit des Lichts in der Hornhaut etwa gleich groß ist wie die im Wasser, dient die Hornhaut bei Fischen einfach nur dem Schutz der Augen, ohne das Licht zu bündeln.

Hinter der Hornhaut liegt eine pigmentierte Fläche, die Regenbogenhaut. Sie gibt jedem Auge seine Farbe. In der Iris befindet sich ein Loch, die Pupille, durch die die Strahlen auf eine Linse fallen. Die Pupille weitet oder verengt sich, um die einfallende Lichtmenge zu regulieren; so wie das Blendensystem in einer Kamera. Hinter der Iris befindet sich eine gekrümmte Linse, die das Licht bündelt, ganz gleich, ob sie es aus der Luft oder aus dem Wasser empfängt. Die Linse projiziert das Licht auf die Netzhaut, wo ein umgekehrtes Bild entsteht. Fische korrigieren die Schärfe des Bildes auf die gleiche Weise, wie das in einer Kamera geschieht: Die Linse wird entweder näher an die Netzhaut heranbewegt oder weiter von ihr fort. Säugetiere regulieren die Bildschärfe, indem die elastische Linse stärker oder schwächer gewölbt wird.

Das fokussierte, also scharf eingestellte Licht fällt auf ein Mosaik von zäpfchen- oder stäbchenförmigen Lichtdetektoren, die die Netzhaut überziehen. Jedes Zäpfchen oder Stäbchen enthält einen lichtempfindlichen Farbstoff. Die photochemische Veränderung des Sehfarbstoffs löst ein Signal aus, das an Nervenzellen auf der Oberfläche der Netzhaut weitergegeben wird. Diese Nervenzellen verarbeiten einen Teil der Informationen und senden sie dann durch den Sehnerv an das Hirn. Das menschliche Auge hat beispielsweise mehr als 130 Millionen Zäpfchen und Stäbchen. Die Netzhaut kodifiziert und kombiniert die Daten, so daß sie in die eine Million Fasern eingegeben werden können, die in den Sehnerv eingehen.

Unser Gehirn dreht das auf dem Kopf stehende Bild auf der Netzhaut nicht nur um, sondern es ergänzt auch eine Menge Einzelheiten. Wenn Sie diesen Text lesen, ist immer nur ein Wort auf einmal scharf fokussiert. Dennoch gewinnen Sie gleichzeitig einen klaren Eindruck von Ihrer Umgebung und können andere Objekte in Ihrem Gesichtsfeld erkennen. All dies wird im wesentlichen von unserem Gehirn geleistet, das die von den Augen erhaltenen Informationen hervorragend ergänzt. So merken wir nie, daß der größte Teil des von den Augen weitergeleiteten Bildes eher verschwommen ist und es ihm an Einzelheiten und Farbintensität mangelt.

Die Augen einfacher Wirbeltiere verarbeiten ein erheblich größeres Maß an Informationen direkt. Der Frosch verfügt darüber hinaus über verschiedene Typen von Netzhaut-Nervenzellen. Jede ist für einen anderen Bestandteil des Bildes empfindlich, einige Nervenzellen reagieren nur auf sich bewegende Konturen. Andere dienen der Wahrnehmung fliegender Objekte. Sie werden nur erregt, wenn ein Objekt der richtigen Größe ins Blickfeld rückt. Die Wahrnehmungsleistung des Frosches ist so stark von diesen Detektoren abhängig, daß er ein bewegungsloses Insekt wahrscheinlich gar nicht sieht. Auch wir Menschen analysieren das Netzhautbild anhand von Konturen, Bewegungen und der Wiederholung von Mustern. Der Frosch nimmt ein fliegendes Insekt anders wahr, weil viele seiner visuellen Informationen sein Hirn nie erreichen. Das hilft ihm, für ihn gefährliche Insekten, etwa Bienen, zu erkennen.

Die Zahl der vom Auge und vom Hirn verarbeiteten Informationen hat einen großen Einfluß auf die Welt des Sehens. Der Unterschied zwischen dem Bild, das beispielsweise unser Gehirn schöpft, und dem, das andere Tiere wahrnehmen, ist im Vergleich zu Wirbellosen besonders groß. Bei vielen Wirbellosen lösen die von den Augen weitergeleiteten Informationen nämlich automatische Reaktionen aus. Ausnahmen bilden die Verwandten des Nautilus, die Kalmare und Kraken, deren Augen den unseren recht ähnlich sind, obwohl sie (wie die Fische) ihre Augenlinsen bewegen, um ein Objekt scharf sehen zu können. Die Netzhaut des Kraken hat bis zu 20 Millionen Lichtrezeptoren. Dagegen sind die Augen eines Riesenkalmaren sehr groß, ihr Durchmesser beträgt unglaubliche 40 Zentimeter, und sie können mit bis zu 1000 Millionen Lichtrezeptoren ausgestattet sein – annähernd 100mal mehr als unsere Augen. Die Hirne dieser Kopffüßer sind relativ groß. Mehr als die Hälfte ihrer Kapazität ist auf das Sehen ausgerichtet, weshalb sie ihre Umgebung vermutlich sehr ähnlich wahrnehmen wie wir, von der Tatsache, daß ihr Bild monochrom, also einfarbig ist, einmal abgesehen.
Andere Wirbellose haben Augen, die gänzlich anders aufgebaut sind als unsere.

Das Komplex- oder Facettenauge

Die Augen der Insekten bestehen aus winzigen, sechseckigen Seheinheiten, Ommatidien genannt. Jede Einheit funktioniert wie ein Auge und hat eine kleine Linse oder Facette. Sie leitet das Licht über ein Stäbchen, das aus einer Schicht von Lichtdetektoren besteht.
Die Ommatidien liegen dicht beisammen und bilden ein facettiertes Komplexauge.
Mit dieser Augenkonstruktion werden erheblich weniger Einzelheiten wahrgenommen als mit einem Kameraauge. Man schätzt, daß nur ein Komplexauge von mindestens einem Meter Durchmesser das Auflösungsvermögen des menschlichen Auges erreichen würde. Für die Insekten ist dies jedoch kein schwerwiegender Nachteil, weil die wesentlichen Objekte in der Sichtwelt der Insekten hoch aufragen. Facettenaugen haben aber auch Vorteile. Einige Konstruktionen machen es möglich, mehr Licht einzufangen als in einer Kamera. Hinzu kommt, daß wir nur einen kleinen Teil des Bildes scharf sehen können, während ein Komplexauge das gesamte Blickfeld beinahe gleich scharf wahrnimmt.
Es gibt unterschiedliche Formen von Facettenaugen. Bei den meisten tagaktiven Insekten ist jedes Einzelauge (Ommatidium) optisch vom benachbarten getrennt. So nimmt auch jedes Rhabdom nur die kleine Lichtmenge wahr, die durch die Facette einfällt, was allerdings nicht bedeutet, daß ein Insekt sein Umfeld in Bruchstücken sieht, wie es häufig in Science-fiction-Filmen dargestelt wird. Das Insekt kombiniert die Informationen, die von den einzelnen Rhabdomen kommen, und setzt sie zu einem einzigen Bild zusammen, dessen Genauigkeit von der Zahl der Seheinheiten abhängt.
Die Augen einiger unter der Erde lebender Ameisen verfügen lediglich über neun Facetten. So entsteht ein nur sehr undeutliches Bild. Eine Biene hat 5000 Facetten und sieht Blumen eher so, als wären sie in pointilistischer Manier gemalt. Die Ommatidien einer Libelle sind so zahlreich, daß ihr Sehvermögen sich durchaus mit dem einiger Wirbeltiere messen kann. 30 000 Facetten fügen ein Bild zusammen, das schon wie eine körnige Fotografie aussieht.
Die Facettenaugen-Konstruktionen vieler nachtaktiver Insekten können mehr Licht aufnehmen. Die Pigmente, die die Einzelaugen voneinander abschirmen, werden nachts zurückgenommen, so daß auf jedes Rhabdom das Licht von mehreren Facetten

Das Auge des Nautilus (links) hat keine Linse. Daher ist sein Sehvermögen schwach. Er kann die Augenöffnung variieren und damit die Lichtmenge, die auf die Lichtrezeptoren fällt. Wenn die Öffnung klein ist, sind die Objekte schärfer im Brennpunkt. Im Gegensatz dazu hat der Krake, ebenfalls ein Kopffüßer, eine Augenlinse. Daher kann er gut sehen. Er fokussiert, indem er die Linse bewegt.

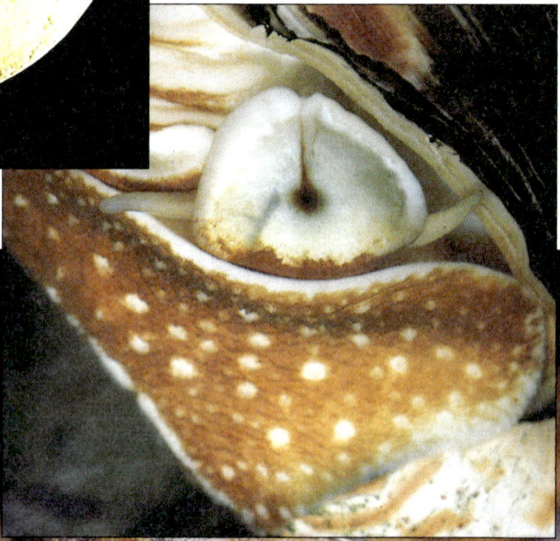

Frösche verfügen auf der Netzhaut über verschiedene Nervenzellen: Einige reagieren nur auf sich bewegende Konturen, andere sind auf die Bewegungen von Fliegen spezialisiert. Sie lösen immer dann eine automatische Reaktion aus, wenn irgend etwas von der richtigen Größe ins Blickfeld gerät. Der Frosch reagiert nur auf Anreize, die für ihn von Bedeutung sind.

fallen kann. So entsteht zwar ein vergröbertes Bild, aber ohne diese Anpassung würde das Auge nicht genügend Licht erhalten, um überhaupt ein Bild produzieren zu können. Auch Krebse haben Facettenaugen; einige, wie beispielsweise die Langusten und Garnelen, sind mit einer ungewöhnlichen Variante ausgestattet. Ihre Augen bestehen aus quadratischen Facetten. Unter jeder liegt eine Kammer mit verspiegelten Seiten. Durch die Facetten einfallendes Licht wird von den Spiegeln nach unten zu den lichtempfindlichen Zellen geleitet, die ein sehr helles Bild erzeugen. Einige Tiere mit Facettenaugen kompensieren deren schwaches Auflösungsvermögen durch die Geschwindigkeit, mit der sie Bilder empfangen können.

Flimmerfusion

Wenn eine Fliege sich in ein Kino verirren sollte, würde sich ihre Sicht des Films sehr stark von der des menschlichen Besuchers unterscheiden. Das Facettenauge der Fliege löst weniger Einzelheiten auf und liefert ein viel gröberes und körnigeres Bild. Der entscheidende Unterschied besteht jedoch darin, daß die Fliege kein bewegtes Bild wahrnehmen würde, sondern eine Folge von Standbildern, etwa wie in einer Dia-Show, und zwar weil die Fliege über eine viel höhere Flimmerfusionsfrequenz verfügt. Wenn ein Bild auf die Netzhaut des Auges fällt, verweilt es dort für den Bruchteil einer Sekunde. Erscheint während dieser Zeit ein weiteres Bild, können wir keinen zeitlichen Abstand zwischen dem ersten und zweiten Bild feststellen. Sie erscheinen ohne Unterbrechung.
Die Anzahl der Bilder pro Sekunde, die benötigt wird, um sie zu einem einzigen zu verschmelzen, wird Flimmerfusionsfrequenz genannt. Bei guten Lichtverhältnissen können wir 60 Bilder pro Sekunde wahrnehmen. Bei schwachem Licht dagegen sinkt unsere Wahrnehmung auf zehn Bilder. Im Kino verschmelzen die 24 Doppelbilder pro Sekunde, mit denen der Film abgespult wird, zu einem ununterbrochenen Bilderfluß.
Die Lichtrezeptoren einer Fliege reagieren viel schneller, ihre Flimmerfusionsfrequenz beträgt 300 Einzelbilder pro Sekunde. Würde unser Auge Bilder mit ähnlicher Geschwindigkeit zusammenfügen, wären wir erstaunlichen Irritationen ausgesetzt. Auf dem Fernsehschirm müßten wir mit ansehen, wie der Abtaster das Bild mit einer Geschwindigkeit von 25 Einzelbildern pro Sekunde aufbaut. Wir würden sogar Schwankungen der in unseren Haushalten üblichen Elektrizität wahrnehmen, die meist eine Frequenz von 50 Hertz hat.
Wir würden sehen, wie unsere Glühbirnen flackern und die Leuchtstoffröhren wie Diskolicht aufblitzen.
Für sich schnell bewegende Tiere, etwa Fliegen, Bienen und Libellen, ist jedoch die Fähigkeit, viele Bilder pro Sekunde aufzunehmen, äußerst vorteilhaft. Sie hilft ihnen, trotz ihres Flugtempos ihr Umfeld genau zu beobachten, sowohl die Bewegungen ihrer Feinde als auch die ihrer Beute. Nachtaktive Insekten benötigen relativ lange, um überhaupt genügend Licht für die Bildeinstellung bündeln zu können. Ihre Flimmerfusionsfrequenz ist gering, die von nachtaktiven Grillen beträgt beispielsweise nur 45 Bilder pro Sekunde.
Für die meisten Tiere ist die Genauigkeit der Bilderabhebung eines jeden Bildes mindestens so wichtig wie die Zahl der Bilder, die sie pro Sekunde wahrnehmen können. Viele haben im Lauf der Evolution Wege gefunden, um die Bildschärfe zu verbessern.

Ein Objekt in den Brennpunkt rücken

Die Hornhaut hilft, die Lichtstrahlen, die auf das Auge fallen, im Brennpunkt zu vereinigen. Doch die Schärfe wird letztlich von der Linse fein abgestimmt. Die Linse besteht aus einer Masse eng zusammengepreßter, durchsichtiger Schichten in einer elastischen Kapsel, an der Muskelfasern ansetzen. Normalerweise ist diese Linse nur leicht abgerundet und stellt die entfernten Teile einer Szene scharf ein. Sobald ein Objekt näher herangebracht wird, pressen die Muskeln die Linse zusammen, verstärken die Rundung, so daß das nähergebrachte Objekt in den Brennpunkt gelangt. Dieser Wechsel, Akkommodation genannt, geschieht bei Menschen mit gesunden Augen automatisch. Diesen Prozeß bemerken wir ohnehin nur, wenn die Akkommodation nicht mehr so gut funktioniert. Wenn dieser Fall aufgrund eines Augenleidens oder fortgeschrittenen Alters eintritt, müssen wir künstliche Linsen tragen, um den Mangel zu kompensieren.

Die Entfernung, über die Tiere fokussieren beziehungsweise akkommodieren können, wird in Dioptrien gemessen. Im Vergleich zu den meisten anderen Säugern verfügen wir über eine sehr gute Akkommodation. Die Reichweite eines Kinderauges beträgt im Normalfall circa 14 Dioptrien, mit zunehmendem Alter vermindert sich die Reichweite jedoch allmählich. Bei einem älteren Menschen beträgt sie nur noch eine Dioptrie. Hunde dagegen müssen ihr ganzes Leben mit einer Sehkraft von einer Dioptrie auskommen.

Viele Tiere haben eine ähnlich schwache Akkommodation, manche sogar überhaupt keine. Tauben und Hühner können erstaunlicherweise sowohl ihre Hornhaut als auch ihre Linsen krümmen, um Objekte »scharf ins Bild zu rücken«. Über eine noch ausgefeiltere Technik verfügen die sogenannten Flughunde. Diese Fledermaus-Verwandten ernähren sich von Früchten und gehen nachts auf Nahrungssuche. Um sich in der Dunkelheit durch das Blattwerk bewegen zu können, benötigen sie eine gute Akkommodation. Mit Hilfe einer veränderten Linsenform und einer gefurchten Netzhaut erreicht die Brechkraft in ihren Augen fünf Dioptrien. Die Furchungen verstärken die Brennweite, indem sie die Entfernung zwischen Linse und Netzhaut verändern.

Bei Fischen, Kalmaren und Kraken erfolgt die Anpassung einzig durch die Bewegung der Linse in Richtung auf die Netzhaut beziehungsweise von ihr fort. Für Unterwassertiere ist die Schärfeneinstellung schwierig, weil im Wasser das auf die Hornhaut fallende Licht nicht gebrochen wird. Sie sind dabei also allein auf die Linse angewiesen. Fische gleichen diesen Mangel mit ihren beinahe kugelförmigen Linsen aus. Erstaunlicherweise sind entsprechende künstliche Linsen optisch mangelhaft oder schlecht. Die Linsen der Fischaugen sind aber so konstruiert, daß sie alle Abweichungen korrigieren können. Der Optikindustrie ist es bislang nicht gelungen, Linsen dieser Art zu simulieren.

Die Linsen des menschlichen Auges sind nicht in der Lage, sich so abzurunden, daß wir unter Wasser scharf sehen können. Deshalb nehmen wir Gegenstände und andere Lebewesen unter Wasser nur verschwommen wahr. Eine Taucherbrille schafft Luft zwischen unserem Auge und dem Bild im Wasser: Mit ihr »sehen wir wieder klar«. Viele aquatische Tiere sehen an Land entsprechend schlecht. Robbenaugen etwa haben beinahe kugelförmige Linsen, die die Tiere allerdings nicht so weit abflachen können, um in der Luft deutlich zu sehen. Einige Tiere jedoch haben Augen, die sich dem Übergang von der Luft ins Wasser anpassen können. Tauchvögel wie Kormorane und Gänsejäger tragen zusätzliche Muskeln um die Linse herum, mit denen sie deren Form erheb lich verändern können. Diese Arten sind vielleicht sogar in der

Die Libelle (links außen) verfügt über 30 000 Einzelaugen (Ommatidien) in jedem der beiden Komplexaugen. Sie ermöglichen es ihr, sich ein detailliertes Bild von ihrer Umwelt zu machen. Die Biene (unten) reagiert auf ultraviolettes Licht. Das Scharbockskraut (Mitte) sieht für uns gleichmäßig gelb aus. Die Biene kann dagegen erkennen, daß die Blüte ein dunkles Zentrum (links) hat, wird davon angelockt und sammelt die Pollen.

Lage, die Linse durch die Regenbogenhaut hindurch zu drücken, eine Technik, die ihnen eine Akkommodation von 50 Dioptrien ermöglicht, der größten bekannten Brechkraft bei Tieren. Der Anableps, ein an der Wasseroberfläche lebender Fisch, hat eine besondere Entwicklungsstufe erreicht: Seine Augen haben sich geteilt, so daß er über vier Augenpaare verfügt. Wenn ein Anableps schwimmt, beobachtet das eine Augenpaar die Luft auf mögliche Räuber hin; das andere Paar sucht gleichzeitig unter Wasser nach Nahrung. Jedes »Luft«-Auge teilt sich mit einem »Wasser«-Auge eine Linse, hat aber eine eigene Pupille und Netzhaut. Lichtstrahlen, die auf beide Pupillen fallen, folgen verschiedenen Wegen durch die ovale Linse und werden so auf den getrennten Netzhäuten in den Brennpunkt gerückt.

Im Gegensatz zu diesen Fischen benötigen viele Wirbellose überhaupt keine Akkommodation. In diesen Fällen ist jede Facette des Komplexauges so klein, daß die Brennweite jeweils entsprechend kurz ist. So entsteht eine große Tiefenschärfe, alle Objekte befinden sich im Brennpunkt.

Einzelheiten werden ergänzt

Nur große Augen können eine Szene in Einzelheiten auflösen. So liefern die winzigen Facetten der Insektenaugen und die kleinen Augen der Spinnen nur eine schwache Auflösung in Einzelheiten. Einige Fliegen tragen an der Vorderseite und an der Spitze ihres Komplexauges größere Facetten, mit deren Hilfe sie Einzelheiten sehen können. Das Männchen der Schwebfliege kann auf diese Weise das winzige Weibchen während der Werbung im Auge behalten, Jagdfliegen bleiben so ihrer fliegenden Beute auf der Spur.

Das Auflösungsvermögen großer Tieraugen ist begrenzt durch die Zahl und Dichte ihrer Lichtrezeptoren. Pro Quadratmillimeter verfügt der Mensch über 200 000 solcher Rezeptoren und erzielt damit eine sehr gute Bildauflösung. Das Auge eines Sperlings ist schon mit der doppelten Rezeptorendichte ausgerüstet, und auf der Netzhaut eines Bussards befindet sich die unglaubliche Menge von einer Million Rezeptoren pro Quadratmillimeter.

Bei vielen Tieren, so auch bei uns Menschen, sind die Lichtrezeptoren nicht gleichmäßig über die Netzhaut verteilt, sondern in der Fovea, der Netzhautgrube, konzentriert. Dort befindet sich auch die größte Zahl von Nervenverbindungen. Wenn Sie Ihre Augen über diese Seite bewegen, ist immer nur ein Wort in der Fovea fokussiert. Bei uns ist sie zentral angeordnet und kreisförmig im Umriß, ein Charakteristikum, das wir mit Tieren teilen, die in Wäldern und anderen visuell komplexen Umfeldern leben. Tiere in offenen Lebensräumen, wie zum Beispiel der afrikanischen Savanne, haben eher eine langgestreckte, streifenförmige Fovea.

Auch Vögel haben meist eine solche in die Breite gestreckte Netzhautgrube und können so Einzelheiten am Horizont besser ausmachen. Viele Arten sind zusätzlich mit einer kreisförmigen Fovea ausgestattet, die gerade nach vorn gerichtet ist. Raubvögel, die zu den scharfsichtigsten Tieren gehören, verfügen in jedem Auge sowohl über zwei kreis- als auch über eine streifenförmige Netzhautgrube. Jede kreisförmige Fovea bildet eine tiefe, nach innen gewölbte Grube, und diese Adaptation (Anpassung) ermöglicht einen bemerkenswerten Effekt. Die Grube funktioniert wie ein Teleobjektiv. Deshalb können Raubvögel ausgezeichnet sehen.

Geier lassen sich morgens mit Luftsäulen, sogenannten Thermen, nach oben tragen und erreichen dabei Höhen von 2000 Metern und mehr. Wir sind absolut unfähig, die Tiere in solchen schwindelerregenden Höhen noch mit bloßem Auge zu entdecken. Doch der Geier ist nicht nur in der Lage, von dort oben jedes Stück Aas am Boden unter sich zu erkennen, sondern auch viele Kilometer weit zu überblikken. Die Leistung anderer Raubvögel bei der Jagd auf am Boden lebende Tiere ist nicht weniger erstaunlich. Ein anderer entscheidender Faktor bei der Suche nach Beute ist die Stellung der Augen.

Räuber und Beute

Wenn Sie in einen Spiegel sehen, blicken Sie in die Augen eines Räubers. Unsere Augen sitzen vorn am Kopf, eine Position, die auch die Augen von Raubkatzen, Greifvögeln und anderen Jägern haben. Beutetiere dagegen wie Hasen und Enten müssen soviel wie möglich von ihrer Umgebung beobachten, um rasch vor ihren Feinden fliehen zu können. Folglich sitzen die Augen der Gejagten seitlich an ihren Köpfen.

Der Unterschied im Gesichtsfeld von Raub- und Beutetieren ist beträchtlich. Manche Beutetiere verfügen über ein Sichtfeld von 360 Grad, also quasi über eine Rundumsicht. Unser Blickfeld umfaßt ungefähr 208 Grad, das einer Katze nur 187 Grad.

Mit einer Kopfdrehung können natürlich auch Raubtiere über einen großen Radius hinweg beobachten. Eine Eule kann ihren Kopf sogar um 360 Grad drehen. Ein Chamäleon muß sich da weniger anstrengen. Seine Augen haben zwar nur ein begrenztes Blickfeld, aber jedes Auge kann unabhängig vom anderen gedreht werden. (Die Madagassen glauben deshalb, die Tiere könnten mit einem Auge in die Vergangenheit, mit dem anderen in die Zukunft sehen.) Hat ein Auge eine Beute entdeckt, kann das andere diese Beute fokussieren. Einige Tiefseefische sind mit einer zusätzlichen Linse an der Augenseite ausgerüstet, die das Licht auf eine separate Netzhaut fokussiert. Auf diese Weise ist das Blickfeld des Fisches beträchtlich erweitert, so, wie uns beim Autofahren der Rückspiegel einen Eindruck von dem vermittelt, was hinter uns geschieht.

Das verengte Blickfeld eines Räubers hat einen Vorteil. Es vergrößert die Überlappungsflächen der Bilder, die jedes seiner Augen liefert. Bei einem Hasen macht diese Überschneidung nur 24 Grad aus, während sie bei uns immerhin 180 Grad erreicht. Die Fähigkeit, zwei Bilder des gleichen Bereichs zu erhalten, ermöglicht es, mehr Einzelheiten herauszugreifen, und verbessert die Sensitivität bei schwachem Licht. Die Augen der meisten Tiere, bei denen sich die beiden Sehfelder überlappen, sitzen vorn am Kopf, bei einigen Vögeln jedoch, wie etwa der Schnepfe, sitzen sie weiter hinten. Das Überlappen erfolgt bei diesem Tier daher an der Rückseite des Kopfes. Bei der Rohrdommel sitzen die Augen ein wenig tiefer am Kopf. So kann der Vogel tief im Schilf verborgen sein und dennoch – gewissermaßen erhobenen Hauptes – beobachten, was sich unter ihm im Wasser abspielt.

Der größte Vorteil beidäugigen Sehens liegt für uns wohl darin, Entfernungen richtig einschätzen zu können. Ein Auge allein vermag nur Anhaltspunkte für die Raumtiefe zu geben. Wenn wir zum Beispiel den Kopf bewegen, verschieben sich die nahen Objekte stärker als die weiter entfernten. Auch Farbe und Schatten verleihen einem Umfeld Perspektive. Wir sind darüber hinaus dazu fähig, die Verformung der Augenlinse wahrzunehmen, wenn sie sich scharf auf ein Objekt einstellt. Das Chamäleon kann auf diese Weise Entfernungen so genau einschätzen, daß es Insekten sogar dann noch fängt, wenn ein Auge verdeckt ist. Um die gleichen Ergebnisse wie ein Chamäleon zu erzielen, benötigen wir Menschen zwei Augen, weil wir die Raumtiefe überwiegend einschätzen, indem wir die beiden von den Augen erhaltenen sich überlappenden Bilder miteinander vergleichen. Wenn wir eine Szene mit einem offenen und einem geschlossenen Auge betrachten, verschiebt sich jedesmal die Position der einzelnen Gegen-

Die Sicht aus der Netzhautgrube

Der Gepard und seine Beute, die Gazelle: Beide haben den am schärfsten abbildenden Teil ihres Sehapparates zu einem horizontalen Streifen gestreckt, der Netzhautgrube. Das ist jener Teil der Netzhaut, auf dem die lichtempfindlichen Zellen am stärksten konzentriert sind. Geparden und Gazellen leben in den Weiten der offenen Savanne. Die Konstruktion ihrer Augen ermöglicht es sowohl dem Räuber als auch seinem Beutetier, in einem großen Bereich ihres Blickfeldes scharf zu sehen. Im Vergleich dazu leben wir in einer komplexen visuellen Umwelt mit vielen vertikalen Strukturen. Deshalb braucht unser Bild von der Umwelt in der Netzhautgrube, wie es durch den gepunkteten Kreis im Hauptbild dargestellt ist, nicht in die Länge gezogen zu werden. Sowohl beim Geparden als auch beim Menschen enthält der Rest des Blickfeldes wenig erkennbare Einzelheiten. Er ist unscharf. Doch das Gehirn kann viele der fehlenden Informationen ergänzen.

stände, besonders derjenigen in unserer Nähe. Auf diese Weise gibt unser Hirn der Szene Tiefe und zeigt uns ein dreidimensionales Bild. Wir wissen nicht, ob, und wenn, wie viele andere Arten aus ihrem beidäugigen Sehen ebenfalls dreidimensionale Bilder schöpfen. Unser Hirn gibt dem Bild auch seine Farbe – das intensive Grün des Grases oder das leuchtende Blau des Himmels. Und es gibt den Blumen ihre wunderbaren Farbschattierungen. Dies ist ein komplexer Prozeß, der von Trennung und Kodifizierung der unterschiedlichen Wellenlängen des Lichts abhängig ist. Lange nicht alle Tiere können Farben sehen, viele sind so gut wie »farbenblind«.

Warum eine Szene farbig wirkt

Wie schon erwähnt, sitzen auf unserer Netzhaut zwei Arten von Lichtrezeptoren, Stäbchen und Zapfen. Nur die Zapfen unterscheiden verschiedene Wellenlängen und leiten Informationen an das Gehirn weiter, die Voraussetzung für das Farbsehen sind. Es gibt drei Arten von Zapfen: Die eine ist überwiegend für blaues Licht empfindlich, eine für grünes und die dritte für gelbgrünes Licht. Die Tatsache, daß zwei unserer Zapfen empfindlich für Grün sind, wird als ein Hinweis dafür genommen, daß sich diese Lichtrezeptoren zu einer Zeit entwickelt haben, als Vorfahren der Menschen in tropischen Wäldern gelebt haben, wo der Farbton Grün vorherrscht.
Der gelb-grün-empfindliche Zapfen ist auch für den roten Teil des Farbspektrums sensitiv und wird deshalb häufig auch Rotrezeptor genannt. Das Gehirn empfängt die Informationen über rotes, blaues und grünes Licht von den einzelnen Zapfen, vermischt sie und produziert so ein vielfarbiges Bild, das eine breite Palette von Schattierungen enthält.
Die Zapfen sind in der Fovea konzentriert. Auf der restlichen Fläche der Netzhaut sitzen überwiegend Stäbchen, die lediglich ein einfarbiges Bild liefern. Unser Gehirn gaukelt uns die Vielfarbigkeit außerhalb des Zentralbildes nur vor. Wir sind nämlich erst dann fähig, die Farbe eines Gegenstandes zu erkennen, wenn dieser zumindest in die Nähe unseres Sehfeld-Zentrums gerät.
Auch andere Primaten wie Paviane und Gorillas verfügen über diese drei Pigmente und sehen die Welt wohl wie wir. Frösche sprechen auf ähnliche Farben an, aber, wie gesagt, weil die meisten der visuellen Informationen bei Fröschen direkt im Auge verarbeitet werden, ist ihre Sicht der unseren alles andere als ähnlich.
Manchen Menschen fehlt ein Farbpigment. Deshalb verlieren sie ihre Empfindlichkeit für einen Teil des Spektrums, meist für den Rot-Grün-Bereich. Was bei Menschen ein Mangel ist, ist bei Eichhörnchen, Hunden und vielen anderen Säugetieren normal: Sie verfügen von Natur aus nur über zwei Pigmente und können deshalb schwer zwischen Rot- und Grüntönen unterscheiden. Das Farbsehvermögen der Säugetiere richtig einzuschätzen ist alles andere als leicht. Arten, von denen man bislang annahm, sie könnten nur monochrom sehen, erwiesen sich als farbempfindlich. Von Kampfstieren etwa wurde lange behauptet, sie könnten das Rot der Muleta nicht erkennen. Aber neueste Studien haben ergeben, daß Rinder durchaus bis zu einem gewissen Grad Farben wahrnehmen können. In Wirklichkeit ist es so, daß alle Säugetiere ein gewisses Farbsehvermögen besitzen. Bei nachtaktiven Tieren, etwa Katzen, ist es jedoch nur schwach entwickelt. Auf ihrer Netzhaut sitzen nur vergleichsweise wenig Zapfen. Deshalb können Katzen Farben nur dann erkennen, wenn das Objekt einen großen Teil ihres Blickfeldes einnimmt. Je näher die Katze dem Objekt kommt, desto besser ist ihre Farbwahrnehmung. Bei Menschen kommt es als sehr seltene Variante vor, daß ihre Zapfen auch auf andere als die üblichen Wellenlängen

ansprechen. Sie sehen die Welt dann auf eine ganz besondere Weise. Unter Guppys, einer Fischart, ist jedoch die Abweichung der Farbpigmente nichts Ungewöhnliches. Es ist sogar durchaus möglich, daß jeder einzelne Guppy seine Aquariumwelt farblich leicht anders sieht als seine Artgenossen. Dieses Phänomen kommt auch bei Krallenaffen und Totenkopfäffchen vor. Jedes Totenkopfäffchen verfügt immer nur über zwei oder drei von fünf in seiner Art vertretenen Pigmenten. So variiert nicht nur die Wahrnehmung von Schattierungen, sondern auch die Bandbreite der wahrgenommenen Farben von Tier zu Tier. Der grüne Schleimfisch und der marine Stichling haben jeweils fünf Pigmente in ihren Augen und können so mehr Farbschattierungen wahrnehmen als wir. Das differenzierteste Farbsehvermögen haben jedoch die Vögel, da ihre Netzhaut nicht nur mit fünf Pigmenten ausgestattet ist, sondern auf jedem Zapfen auch noch ein Öltropfen sitzt, der das Licht filtert und der Wellenlänge annähert, auf die der Zapfen anspricht. Vögel verfügen über fünf verschiedene Filter, kombiniert mit fünf verschiedenen Pigmenten. Dadurch entsteht ein sehr großes Differenzierungsvermögen für feinste Farbabstufungen. Bei jeder Art sind Zapfen und Filter der jeweiligen Lebensweise und den Bedürfnissen optimal angepaßt. Die Öltröpfchen-Filter der Taube sind rot und orange. Sie dienen der Sicht nach vorn und nach unten, wo während des Fluges der Erdboden ins Blickfeld des Vogels rückt. Diese Filter bringen wahrscheinlich die Farbvariationen in der grünen Vegetation stärker zur Geltung. Seevögel, die über der Wasseroberfläche jagen, sind mit roten Öltröpfchen ausgestattet und können so das blaugestreute Licht als Störquelle ausschalten. (Auch Pilotenbrillen sind oft ähnlich getönt, also für die »Sicht« bei Nebel bestens geeignet.) Die Öltröpfchen-Filter der Vögel verstärken ihre Sensitivität für Rot, und das nutzen andere Lebewesen aus. Insekten tragen häufig rote oder orangefarbene Warnfarben zur Abschreckung. Viele Blumenarten locken dagegen Bienen und andere bestäubende Insekten mit ihren roten Blüten an. Aus dem gleichen Grund tragen Pflanzen, deren Samen von Vögeln verbreitet werden, rote Früchte und Beeren.

Rote Filter verdunkeln den Himmel. Das ist ein Nachteil für die Jäger der Lüfte, die deshalb die Silhouette ihrer Beute weniger gut erkennen können. Mauersegler und Hausschwalben können ihre Insektenbeute ohne all diese Hilfsmittel erkennen, und auch Unterwasserjäger wie die Krähenscharbe aus der Familie der Kormorane und der Tordalk, ein Möwenvogel, würden rote Filter kaum nutzen, denn das Licht im Meerwasser changiert von blau zu grün. Die Augen der unter Wasser lebenden Tiere sind den besonderen Schattierungen dieser Welt angepaßt.

Das Adlerauge

Die Sehkraft des Adlers ist legendär. Wie anderen Raubvögeln auch, verschafft ihm sein Auge ein weites und detailliertes Bild. Der innere Teil seines Blickfeldes ist leicht vergrößert und hat eine höhere Detailgenauigkeit. Die Abbildung hier stellt das etwas übertrieben dar: Die tatsächliche Vergrößerung ist vermutlich zweifach. Sie wird mit Hilfe einer Vertiefung in der Netzhaut erzielt, die wie die eine Linse eines Teleobjektes funktioniert. Dies erleichtert es dem Adler, Schneehasen und andere, im Schnee getarnte Beute auszumachen. Der Adler ist allerdings bei seiner bemerkenswerten Sicht von guten Lichtverhältnissen abhängig. Menschen sehen bei geringer Lichtintensität sogar besser.

Unterwasserfarben

Wer im Meer taucht, erlebt dramatische Farbveränderungen. Orangefarbenes und rotes Licht sind stark herausgefiltert. Schon in 25 Metern Tiefe sieht ein roter Tauchanzug fast schwarz aus. Verletzt sich ein Taucher in dieser Tiefe, ist sein Blut grün. In größeren Tiefen ist das einzige Licht, das die Finsternis durchdringt, von nuancenlosem Blau. Schattierungen sind nicht mehr zu unterscheiden. Und so sind die Augenpigmente vieler Tiefseetiere auf blau ausgerichtet. Auch Seichtwassertiere wie Pinguine und See-Elefanten, die Farben durchaus noch unterscheiden können, haben eine hohe Sensitivität für blaues Licht.
Bei Süßwasserbewohnern differieren die Farbausrichtungen stark. Flüsse und Seen sind oft grünlich von Algen oder braun von verrotteten Pflanzen. Viele Süßwasserfische sind deshalb gegenüber rotem Licht sehr sensibel. Fische wie Lachse und Aale, die zwischen Süß- und Salzwasser hin- und herwandern, haben sich den wechselnden Bedingungen auf höchst interessante Weise angepaßt. In den noch kleinen Augen des jungen Aals sind zunächst sowohl rote als auch blaue Pigmente vorhanden, die auf das Sehen im Süßwasser ausgerichtet sind. Bevor der Fisch jedoch seine Reise über Tausende von Kilometern durch die Ozeane zu seinem Laichplatz im Sargassomeer antritt, werden seine Augen größer, und die roten Pigmente werden durch blaue ersetzt. Ganz ähnlich ist es beim Lachs. Wenn er vom Meer zum Laichplatz im Süßwasser zurückkehrt, verändern einige Pigmente ihre Empfindlichkeit von Blau zu Rot. Die Rotverlagerung einiger Süßwasserfische ist so extrem, daß sie Licht wahrnehmen können, das für uns unsichtbar bleibt.

Infrarotsicht

Seine grausame Jagdweise hat dem Piranha in der ganzen Welt zu zweifelhafter Berühmtheit verholfen. Seine mächtigen Kiefer mit den rasiermesserscharfen Zähnen reißen große Fleischstücke aus den Körpern seiner Opfer. Von Piranha-Schwärmen wird behauptet, daß sie sogar die Körper von Rindern oder Menschen innerhalb weniger Minuten bis auf das Skelett abfressen.
Weit weniger bekannt, aber ebenso erstaunlich ist die Fähigkeit des Fisches, Licht längerer Wellenlängen zu sehen als die meisten anderen Tiere, den Menschen eingeschlossen. Ihr Lebensraum, die Flüsse Südamerikas, erscheint uns fast schwarz, weil die im Wasser aufgelösten Bestandteile verrottender Pflanzen so gut wie alles Licht absorbieren, nicht jedoch das infrarote Licht. Die Augen des Piranha sind diesem Zustand hervorragend angepaßt, so daß er trotz Finsternis gut sehen kann. Aber auch der wahrlich ungefährliche Goldfisch verfügt über ähnliche Fähigkeiten. Seine natürliche Heimat sind ebenfalls Gewässer, die von faulenden Pflanzen dunkel, in diesem Fall rot gefärbt sind. Wenn menschliche Augen so sensitiv für die gleiche Strahlung wären wie die Netzhaut des Goldfisches, könnten wir die infraroten Strahlen sehen, mit denen wir unser Fernseh- und Videogerät fernbedienen. Ein Einbrecher wäre dann in der Lage, den »Stolperstrahl« eines Alarmsystems zu umgehen. Und eine Fabrik oder ein Büro würde uns wegen des infraroten Lichts der Sicherheitskameras als hell erleuchtet erscheinen.
Der Goldfisch kann aber nicht nur infrarot sehen, sein Sehvermögen erstreckt sich über das gesamte Spektrum bis zu den kurzen Wellenlängen der ultravioletten Strahlung. Er ist in der Lage, einen größeren Teil des Spektrums wahrzunehmen als beinahe alle anderen Tiere. Unsere Netzhaut ist zwar auch für ultraviolette Strahlen empfindlich, aber das Auge filtert sie aus,

bevor sie die Lichtrezeptoren erreichen. Deshalb bleibt uns ein großer Teil der visuellen Informationen verborgen, die von anderen Tieren verarbeitet werden können. Für Insekten ist die ultraviolette Strahlung sogar der wichtigste Faktor ihres Farbsehvermögens.

Die Welt im UV-Bereich

Wie wir verfügt auch die Biene über drei verschiedene Farbpigmente, aber sie sind für ultraviolettes, blaues und grünes Licht empfindlich und nicht für die Farben Blau, Grün und Rot, wie bei uns. Wenn die Empfindlichkeit unserer Pigmente plötzlich auf die der Bienen umgestellt würde, wäre zwar der Himmel weiterhin blau mit flaumigen, weißen Wolken. Nahezu alles andere aber nähme recht ungewöhnliche Schattierungen an. Gras erschiene uns rot, einige Baumarten magentarot, und vor einem hell erleuchteten Hintergrund wären rote Blüten, zum Beispiel die des Mohns, mit einem Male schwarze Flecken. Blumen würden sich aber nicht nur farblich verändern, sondern auch zuvor unsichtbare Muster enthüllen. Das Scharbockskraut, dessen Blüte normalerweise gleichmäßig gelb gefärbt ist, hätte nun ein dunkles Zentrum.

Viele andere Insekten verfügen über eine ähnliche Verschiebung im Farbsehvermögen wie die Bienen. Die Farbenvielfalt der Blumen lockt also auch unterschiedlich sehende Insekten an. Ultraviolette Farbtupfer auf Blüten signalisieren den Insekten Nektar und führen zu den Pollen im Blütenkern. Manch eine Pflanze zieht dabei Nutzen aus einer Art Täuschungsmanöver. Für uns besteht kaum Ähnlichkeit zwischen der roten Sumpfwurz, einer Orchidee, und einer blauen Glockenblume. Einem Bienenauge aber, das Rot nicht wahrnehmen kann, erscheinen die Farben der Blüte sehr ähnlich. Darüber hinaus sind beide Pflanzen mit ultravioletten Markierungen ausgestattet. Und so kommt es, daß die Biene auch die Orchidee bestäubt, weil sie sie von der Nektar produzierenden Glockenblume nicht unterscheiden kann.

Die unterschiedliche Empfindlichkeit von Wirbeltieren und Insekten für Rot ist für einige Krabbenspinnen von Vorteil. Sie können ihre Farbe verändern und sich der von Blumenblättern, auf denen sie sitzen und auf Insekten lauern, anpassen. Ihr Tarnsystem ist perfekt: Zwei rote Flecken auf dem Spinnenrumpf signalisieren Vögeln Gefahr und schrecken sie ab. Insekten jedoch können diese Warnflecken nicht sehen und gehen der Spinne in das tödliche Netz.
Einige Fische und viele Vögel können ultraviolettes Licht wahrnehmen. Es hilft ihnen möglicherweise bei der Navigation: Wenn nämlich die Sonne hinter Nebel oder Wolken verborgen ist, dringt dennoch ultraviolettes Licht durch den Dunst und verrät so den Stand der Sonne. Viele Tiere nutzen auch polarisiertes Licht, um ihren Weg zu finden.

Das Leitlicht der Polarisation

Das meiste Licht schwingt in allen Ebenen um die Ausbreitungsrichtung. Wenn jedoch Sonnenstrahlen die Atmosphäre der Erde durchdringen, wird ein Teil des Lichts verändert oder polarisiert. Dann schwingt es nur noch in einer Ebene. Das polarisierte Licht bildet ein Muster am Himmel, das sich mit dem Lauf der Sonne verändert und so den Stand der Sonne zeigt.
Bienen navigieren in der Regel direkt nach dem Sonnenstand.

An wolkigen Tagen greifen die Tiere auf ein anderes Instrument zurück: das polarisierte Licht. Die Bienen erkennen die Polarisationsmuster mit Hilfe spezieller Ommatidien, die sich an der Oberseite ihrer Augen befinden.

Blickfelder

Betrachtet man bei einem Tier die Position der Augen, weiß man sofort, ob es ein Raub- oder ein Beutetier ist. Bei Beutetieren sitzen die Augen an der Seite, denn sie müssen soviel wie möglich von ihrer Umgebung sehen, um eine drohende Gefahr rechtzeitig zu erkennen. Raubtiere haben nach vorn gerichtete Augen; dadurch ist ihr Blickfeld zwar begrenzt, aber die Überlappung des Sehfeldes beider Augen erhöht die Genauigkeit der Bildwahrnehmung und die Tiefenschärfe. In den Abbildungen verdeutlicht das helle Blau das gesamte Blickfeld des Tieres, während das dunkle Blau das Maß der Sehfelder beider Augen anzeigt.

Das 360 Grad große Blickfeld einer Ente macht es ihr möglich, auch Feinde zu erkennen, die sich von hinten anschleichen. Wenn das Tier nach Nahrung sucht, ist die geringe Überlappung der Sehfelder kein Nachteil.

Erdhörnchen sind auch Beutetiere. Deshalb brauchen sie ein großes Blickfeld. Auf der anderen Seite müssen sich die Sehfelder beider Augen genügend überlappen, weil die Tiere ihre Nahrung mit den Vorderpfoten bearbeiten.

Bei Menschen und bei Affen ist die Überlappung der Sehfelder beider Augen relativ groß. Die frontale Stellung der Augen begrenzt zwar das Blickfeld, ermöglicht aber andererseits eine gute räumliche Wahrnehmung.

Tiger haben die typischen Augen eines Jägers. Obwohl ihr Blickfeld begrenzt ist, haben Tiger wenig von potentiellen Feinden zu befürchten. Mit nach vorn gerichteter Sicht können die Augen sich auf die Beute konzentrieren.

Ein Chamäleon ist gleichermaßen Beute und Freßfeind. Jedes Auge hat nur eine eng begrenzte Sicht. Aber jedes kann unabhängig vom anderen gedreht werden. Das ermöglicht es dem Chamäleon, seine gesamte Umgebung zu beobachten. Die Augen können auch in dieselbe Richtung eingestellt werden, damit sich die Sehfelder überlappen.

Auch wenn nur ein winziges Fleckchen blauen Himmels sichtbar ist, kann die Biene dieses Bruchstück des Musters mit Hilfe einer Referenzkarte des Gesamtmusters in ihrem Gehirn vergleichen und den Stand der Sonne haargenau bestimmen. Vor tausend Jahren nutzten Menschen ein zwar ähnliches, doch wesentlich gröberes System, das sich am stärksten Teil des Musters orientierte, einem Band polarisierten Lichts, das am Himmel einen Bogen bildet. Die Wikinger nahmen auf ihre Reisen ein scheinbar magisches Kristall mit, bekannt als »Sonnenstein« (Aventurinfeldspat). Sie konnten den dunklen Streifen polarisierten Lichts lokalisieren, indem sie mit dem justierten Kristall nach der Stelle suchten, an der das polarisierte Licht ausgeschaltet war. Heute benutzen wir polarisierte Sonnenbrillen, um unsere Augen vor grellem Lichteinfall zu schützen. Auch die Augen des Wasserläufers sind nach diesem Prinzip geschützt. Der Rückenschwimmer dagegen, ebenfalls eine Wanzenart, hat nur die Rezeptoren im unteren Teil seiner Augen auf polarisiertes Licht eingestellt. Der so optisch verstärkte Schimmer des Wassers hilft ihm, neue Lebensräume, also Tümpel und Teiche, zu finden. Wenn wir durch eine seitlich verdrehte, polarisierte Sonnenbrille sehen, erzielen wir dieselbe Wirkung. Die großen Augen des Kalmaren kombinieren diese beiden Techniken. Ein Teil seiner Lichtdetektoren ist empfindlich für Licht, das in einer bestimmten Ebene polarisiert ist, während der Rest auf Licht ausgerichtet ist, das in der entgegengesetzten Richtung polarisiert ist. Was ein Kalmar mit dieser ungewöhnlichen Konstruktion genau sieht, ist ungewiß. Mit Sicherheit kann er viele Einzelheiten auf stark reflektierenden Oberflächen erkennen. Viele Fische nutzen die Reflexion des Lichts an ihren Schuppen als Tarnung. Wahrscheinlich ist das Auge des Kalmaren aufgrund seiner Konstruktion in der Lage, diese »Blendungsschranke« zu überwinden. Kalmare halten sich auch in tiefem Wasser auf, wo nicht die Lichtreflexion sichtbehindernd wirkt, sondern der Lichtmangel. Auch nachtaktive Tiere müssen Lichtmangel kompensieren. Viele von ihnen sind deshalb optimal dafür gerüstet, minimale Lichtquellen so gut wie möglich auszuschöpfen.

Sehen im Dunkeln

In der Dämmerung wählt der Fotograf für seine Bilder die Linse, die die kleinste Brennweite hat und damit die größte Blendenöffnung ermöglicht. Mit der Blende stellt er die Lichtmenge ein, die auf den Film fallen soll. Die Brennweite (f) hängt ab vom Durchmesser der Linse und von ihrer Entfernung vom Film, der der Netzhaut im Auge entspricht. Die f-Zahl unserer Augen beträgt ungefähr 2,55,während eine normale Kameralinse eine Brennweite 1,8 hat. Speziallinsen können 1,1 erreichen. Weder die Linse des menschlichen Auges noch irgendeine künstliche erbringt annähernd die Augenleistung einer Käscherspinne: nämlich eine Brennweite von 0,58 und sind damit 19mal empfindlicher als unsere. Diese australische Spinne benutzt ihr Nachtsehvermögen, um eine Art Fangnetz über ihre Beute zu werfen. Mit dem sensitivsten Auge im Tierreich überhaupt aber ist eine Tiefsee-Krebsart, genannt Gigantocrypsis, ausgestattet: Es leistet den unglaublichen Brennwert von f-0,25.

Obwohl die Augen der Spinnen und Krebse nur klein sind, ist kein Wirbeltier mit einer vergleichbaren Lichtempfindlichkeit ausgestattet. Dennoch begrenzen die kleinen Augen dieser Wirbellosen die Sehleistung. Gute Sicht bei Nacht setzt große Augen voraus. Eine Katze zum Beispiel hat relativ große Augen, die achtmal so sensitiv sind wie unsere und mit denen sie auch bei Dunkelheit hervorragend sieht. Die Augen des Koboldmakis, eines kleinen nachtaktiven Primaten, nehmen den größten

Teil seiner Gesichtsfläche ein. Auch das Buschbaby und die eulenartigen Vögel haben große Augen. Und wie beim Koboldmaki sind die Augen nicht kugelförmig, sondern nach hinten ausgewölbt, um den vorhandenen Raum so effizient wie möglich zu nutzen. Diese Konstruktion hat zur Folge, daß das Auge in der Augenhöhle unbeweglich ist, ein Mangel, den die Tiere mit hochbeweglichen Köpfen kompensieren. Die Augen einer Kröte sind achtmal lichtempfindlicher als unsere. Wie bei allen wechselwarmen Tieren steigert sich ihr Nachtsehvermögen bei Kälte, und zwar, weil bei schwachem Licht Hitze dieselbe Wirkung auf die Pigmentzellen ausübt wie das Licht selbst. In einer kalten, dunklen Nacht wirkt sich die Körpertemperatur von wechselwarmen Tieren (Vögeln und Säugetieren) deshalb nachteilig auf ihr klares Sehvermögen aus. Die Augen einer Kröte dagegen können die Finsternis immer noch durchdringen. Auf nächtliches Sehen ausgerichtete Augen sind so empfindlich, daß sie tagsüber vor Licht geschützt werden müssen. Einige dieser Tiere verfügen über Pigmentzellen, die sich bei Tag über die Lichtdetektoren legen, um sie so gegen zu intensiven Lichteinfall abzuschirmen. Andere verengen die Pupillen sehr stark. Weil relativ viel Muskelkraft aufgewendet werden muß, um kleine, runde Öffnungen zu schaffen, können Katzen, Krokodile und viele andere nachtaktive Tiere ihre Pupillen zu Schlitzen verengen und damit eine ähnliche Wirkung erzielen. Während des Tages ist das Zentrum unseres Blickfeldes klarer, bei Nacht die periphere Sicht besser, und zwar, weil die Nachtsicht von den monochromen Zapfen abhängig ist, nicht von den zentral plazierten Stäbchen. Die Lichtempfindlichkeit der Zapfen ist steigerbar, wenn ihre einzelnen Signale als kombinierte Informationen an das Gehirn weitergeleitet werden. Wir haben dieses visuelle System mit anderen Wirbeltieren gemeinsam. Alle nachtaktiven Tiere sehen hauptsächlich monochrom, und viele verfügen über andere erstaunliche Fähigkeiten, um das vorhandene Licht optimal zu nutzen. In der afrikanischen Savanne glühen im Schein einer Taschenlampe oder einer anderen Lichtquelle manchmal einige wenige, bisweilen aber auch Hunderte von Geisterlichtern. Wie ein gespenstisch beleuchtetes Jo-Jo-Spiel schweben sie oft paarweise auf und nieder. Diese geheimnisvollen Geisterlichter sind die Augen nachtaktiver Säugetiere, die das Licht mit einer besonderen Schicht hinter der Netzhaut reflektieren: mit dem sogenannten Tapetum. Ein Teil des Lichts wird vom Tapetum reflektiert und erregt, weil es senkrecht auftrifft, dieselben Zapfen wie beim ersten direkten Aufprall auf die Netzhaut. Ein anderer Teil des reflektierten Lichts gelangt durch das Auge wieder nach außen und bewirkt, daß die Augen leuchten.

Die Pigmente der Netzhaut beeinflussen die Farbe des reflektierten Lichts. Die Augen einer Gazelle strahlen grünes Licht zurück, die einer Katze goldfarbenes und die eines Hasen hellrotes. Auch einige Reptilien, Nachtfalter und Tiefseefische sind mit einem solchen hocheffizienten Tapetum lucidum ausgestattet. Ein anderer Meeresbewohner, die Kammuschel, benutzt Spiegel. Sie verfügt über eine der eigenartigsten Augenkonstruktionen in der Natur.

Katzenaugen sind besonders gut auf das Leben bei Nacht eingerichtet. Das Licht trifft auf eine spezielle, reflektierende Schicht hinter der Netzhaut, das Tapetum. Vom Tapetum wird ein Teil des Lichtes reflektiert und kann nun bestimmte Netzhautzellen ein zweites Mal erregen. Dadurch wird die Lichtausbeute erhöht.

Außergewöhnliche Augenkonstruktionen

Könnte man die Bilder in den 100 Augen einer Kammuschel erkennen, würde der Betrachter sich selbst 100mal sehen: und zwar auf dem Kopf. Die Kammuschel trägt an der Hinterseite eines jeden Auges einen winzigen Spiegel, der wie ein hohlgeschliffener Reflektor funktioniert und das Bild auf der Netzhaut fokussiert, die 5000 Lichtdetektoren enthält. Dieses ungewöhnliche System würde der Kammuschel eine hervorragende Sicht ermöglichen, hätte es nicht einen entscheidenden Nachteil. Das nichtfokussierte Licht muß auf seinem Weg zum Spiegel die Netzhaut durchdringen, was die Qualität des Bildes erheblich verringert. Die Augen einer Kammmuschel nehmen deshalb überwiegend Bewegungen und starke Wechsel von Licht und Schatten wahr. Bei dem Muschelkrebs Gigantocypris hat sich im Verlauf der Evolution eine gänzlich andere Konstruktion von Spiegelaugen entwikkelt. Er orientiert sich in der dunklen Tiefsee mit Hilfe zweier Parabolreflektoren, die das Licht auf die Netzhaut leiten. In Ihrem Zentrum befinden sich etwa 1000 Lichtdetektoren. Wie die Kammuschel kann der Tiefseekrebs mit seiner Augenkonstruktion lediglich einen vagen Eindruck von Licht und Schatten gewinnen. Aber das ist bei dem spärlichen Licht in der Tiefsee schon phänomenal.

Ein Ruderfußkrebs, die Copilia, sieht ebenfalls mit seinen, dem Lebensraum erstaunlich gut angepaßten Augen. Er erfaßt die Umgebung nach einem System, das an eine Fernsehkamera erinnert, in der das von der Linse erzeugte Bild 25mal elektronisch abgetastet wird. Das Bild, das von der Linse im Auge des Krebses entsteht, wird mit Hilfe einer zweiten mobilen Linse und der mobilen Netzhaut verarbeitet, auf der zwar nur neun Lichtdetektoren sitzen.Aber durch diesen bis zu zehnmal innerhalb einer Sekunde ablaufenden Tastmechanismus entsteht eine ungefähre Vorstellung von der Umgebung. Die Netzhaut eines weiteren Krebstiers – Labidocera – liegt wie eine Schale über der kugelförmigen Linse. Das Bild entsteht, indem die lichtempfindliche Schale unterhalb der Linse bewegt wird.

Die marinen Fangschreckenkrebse erkennen ihr Umfeld mit einem Komplexauge. Jedes Auge mit seinen vielen Facetten hat einen zentralen horizontalen Streifen, der aus Rhabdomen besteht. Die Rhabdome sind sowohl für das Farbsehen als auch für die Wahrnehmung polarisierten Lichts verantwortlich. Komplexe Augenbewegungen führen dieses horizontale Band kreuzweise über das Blickfeld. Wenn die Schmetterer, eine Familie der Fangheuschrecken, ihre Beute ausgemacht haben, greifen sie an, indem sie ihre keulenartigen Fangbeine mit großer Wucht nach vorn werfen. Der Schlag, den sie ihrer Beute versetzen, kann eine Geschwindigkeit erreichen, die der einer Kugel aus einer 22-Kaliber-Waffe entspricht.

Die ungewöhnlichste Art zu sehen überhaupt aber praktizieren Tiere, die nicht nur das Sonnenlicht nutzen, sondern für sich selbst Licht produzieren.

Licht – self made

Die meisten von uns haben schon Leuchtkäfer, Glühwürmchen und andere Insekten gesehen, die während der Nacht Licht erzeugen, um damit einen Partner anzulocken. Diese sogenannte Biolumineszenz ist unter Meeresbewohnern weit verbreitet. In diese Region dringt Sonnenlicht nämlich nur spärlich und nur wenige hundert Meter tief vor. Viele Fische, aber auch Kopffüßer wie Kalmare und Oktopusse oder Rippenquallen wie die Seestachelbeeren sorgen dafür, daß die Tiefsee nie völlig dunkel ist. Sie erhellen ihr Umfeld mit selbsterzeugtem Licht. Dieses Licht wird mit Hilfe eines Enzym-Systems produziert, das Lichtenergie abgibt, wenn es mit Sauerstoff in Berührung kommt, eine erheblich wirkungsvollere Methode als unsere Art, künstliches Licht herzustellen. In einer Glühbirne werden nur zehn Prozent der Energie für die Lichterzeugung verwendet. Der Rest ist verlorene Wärmeenergie. Bei der Biolumineszenz dagegen werden 90 Prozent der Energie in Licht verwandelt. Der Viperfisch aus der Familie der Tiefseebeilfische trägt Leuchtorgane an der Körperunterseite. Sie regulieren deren Intensität und passen sie dem von oben einfallenden Sonnenlicht so genau an, daß die Fische selbst von unten nicht zu erkennen sind. Die Tiefseeanglerfische benutzen ihre Leuchtorgane für den Beutefang. Sie haben am Kopf eine Angel, an derem verdickten Ende ein Leuchtorgan sitzt. Diesen leuchtenden Köder schlenkern sie hin und her: Er lockt Beutetiere in die tödliche Öffnung ihres riesigen Mauls. Ein anderer Fisch, der Pachystomias, praktiziert eine noch raffiniertere Jagdmethode. Lange bevor der Mensch Gewehre mit infrarotem Zielstrahl entwickelt hatte, nutzte dieser Fisch schon ein ähnliches System. Mit Hilfe eines selbstproduzierten roten Lichtstrahls ortet er seine Nahrung. Die Augen seiner Beutetiere sind für das blaue Licht der Tiefsee ausgerüstet. Der Pachystomias verfügt über rotempfindliche Pigmente. So kann er seine durch die Dunkelheit schwimmenden, aber von dem roten Suchlicht erleuchteten Opfer erkennen, die ihrerseits nicht in der Lage sind, ihn zu sehen.

So, wie der Pachystomias sich mit für seine Beutetiere unsichtbaren Lichtwellen orientiert, lassen sich andere Arten von Tonwellen leiten, um ihre Umgebung zu erkunden – und zwar auf einer Frequenz, die viele andere Lebewesen nicht hören können. Unsere Ohren können nur einen Bruchteil dieser Töne überhaupt wahrnehmen.

DAS HÖREN

Jeden Augenblick erreicht eine große Zahl winziger Druckwellen unser Ohr. Die meisten davon verursachen wir Menschen selbst oder unsere Maschinen. Unsere Ohren und unser Gehirn können diese Wellen als bestimmte Töne identifizieren und zuordnen – das Heulen eines Düsenflugzeugs, das Dröhnen des Verkehrs, das Brummen und Rattern von Apparaten, das Tikken einer Uhr, das Geschrei oder auch das Geflüster von Menschen. Wir können sogar einander sehr ähnliche Töne unterscheiden, das Läuten einer Alarmglocke von dem einer Türklingel oder eines Telefons. Und wir können auch die Schallquelle dieser Töne, also die Richtung, aus der sie kommen, genau lokalisieren. Wenn wir miteinander sprechen, zeigt sich eine andere Fähigkeit. Wir sind nämlich besser als viele Tiere in der Lage, selbst winzige Veränderungen in der Frequenz und Lautstärke herauszuhören. Das ermöglicht uns, Töne für komplexe Kommunikationen zu nutzen. Abgesehen von dieser Fähigkeit, ist unser Hörvermögen, mit dem anderer Tiere verglichen, in vielen Fällen jedoch schlechter ausgebildet. Die Schleiereule kann in absoluter Dunkelheit ihr Opfer finden, geleitet nur von dem schwachen Rascheln beispielsweise einer Maus im Unterholz. Bevor eine Klapperschlange blitzschnell zubeißt, kann sich eine Känguruh-Ratte dennoch mit einem Sprung in Sicherheit bringen. Bei der Bewegung des Schlangenkörpers verursachen die Schuppen Geräusche, die der Ratte rechtzeitig Gefahr signalisieren.

Viele landbewohnende Tiere verständigen sich untereinander mittels ihres Tonrepertoires: Sie warnen sich oder locken einen Partner an. Wir können davon nur einen Bruchteil wahrnehmen.

Junge Mäuse stoßen ein hochfrequentes Quieken aus, das jenseits der für Menschen wahrnehmbaren Frequenz liegt. Spinnen hören die Geräusche schlagender Insektenflügel. Auch Elefanten verständigen sich durchaus nicht nur mit den berühmten Trompetentönen, sondern auch – über viele Kilometer – so leise, daß wir sie nicht hören. Unter Wasser glauben wir, uns in einer stummen Welt zu befinden, denn wir können nur Töne hören, die durch die Luft übertragen werden. Dabei wäre dort ein ganzer Chor verschiedenartiger Stimmen zu vernehmen: das Grunzen, Quaken und Trommeln partnersuchender Fische, die Schnapplaute der Garnelen und die knatternden Geräusche der Entenmuscheln. Einige Walarten singen im Duett – und zwar oft tagelang. Darüber hinaus verläuft die Unterhaltung gewissermaßen in regional unterschiedlichen Dialekten. Andere rufen einander über Entfernungen von Hunderten von Kilometern. Die Harmonie dieses Unterwasserchores wird nur von Raubfischen gestört, die bei der Jagd den Tönen ihrer Beutetiere folgen. Sie können sogar noch die Schwimmgeräusche eines Fisches wahrnehmen. Einige Arten orientieren sich am Echo der Töne, die sie selbst ausstoßen, manche bedienen sich dabei eines so ausgefallenen Systems, daß sie in der Lage sind, sich erstaunliche Einzelheiten ihrer Umgebung einzuprägen.

Die außergewöhnliche Vielfalt der Hörleistung in der belebten Natur ergibt sich aus der unterschiedlichen Bauart der Hörorgane und dem Teil des Nervensystems oder des Hirns, der für die Verarbeitung des Schalls gebraucht wird.

Gegenüberliegende Seite: Ein Wüstenfuchs

Das menschliche Ohr

Eine Vorstellung davon, wie unser Gehör funktioniert, erhalten wir, wenn wir konzentriert einer Unterhaltung lauschen. Die Stimmbänder der Teilnehmer schwingen und versetzen auch die Moleküle der sie umgebenden Luft in Schwingung. Diese Luft wird mit derselben Frequenz wie die Schwingungen verdichtet, dehnt sich dann aus und drückt damit auf die nächste Luftschicht. Auf diese Weise passieren die Kompressionen oder Schallwellen die Lippen, die Kehle und den Mund und verteilen sich dann in alle Richtungen. Einige dieser Schallwellen erreichen die Ohren des Hörers, wandern durch die Gehörgänge und treffen auf die gespannte Membran des Trommelfells, das ebenfalls mit derselben Frequenz schwingt wie die Stimmbänder. Die Wellen passieren drei Knochen, die das Mittelohr wie eine Brücke überspannen, und treffen auf eine weitere Membran, das ovale Fenster. Die Knochen verstärken jeden Ton um das Achtzehnfache, und zwar, weil sie alle Wellen, die das Trommelfell erreichen, auf das viel kleinere ovale Fenster konzentrieren. Dahinter liegt eine mit Flüssigkeit gefüllte Röhre, Cochlea genannt. Auf ihrer inneren Oberfläche sitzen Zellen, die den Ton in Nervenimpulse umwandeln, die wiederum vom Gehirn des Hörers verarbeitet werden. Jede Schwingung, die die umgebenden Moleküle der Luft in Bewegung bringt, kann einen Ton erzeugen. Eine große Schwingung verursacht eine starke Welle, die wir als lautes Geräusch hören, eine kleine Schwingung löst nur einen schwachen Ton aus.
Die Ohren aller Säugetiere funktionieren nach diesem Grundmuster, aber selbstverständlich gibt es Variationen, die den besonderen Bedürfnissen der betreffenden Art angepaßt sind und die akustische Wahrnehmung des Lebensraums beeinflussen.

Die Töne der Wüste

In Wüstenregionen gibt es nur wenig Vegetation, die Schutz vor Hitze und Deckung vor Räubern bietet. Deshalb suchen viele Wüstenbewohner, wie zum Beispiel die Känguruhratte, nur während der nächtlichen Kühle und Dunkelheit nach Nahrung. Für das Überleben dieser Arten ist es von besonderer Bedeutung, scharf hören zu können.
Eine Känguruhratte etwa nimmt den Beuteflug der Eule wahr, wenn der Wind durch die Schwungfedern des Vogels streicht. Eine Klapperschlange verfügt über Infrarotdetektoren, die es ihr ermöglichen, im Dunkeln zu sehen. So gut wie lautlos gleitet sie dahin. Dennoch vernimmt die Känguruhratte sogar noch das schwache Rascheln der Schuppen auf dem Sand und kann sich rechtzeitig in Sicherheit bringen, obwohl der Angriff der Schlange in Bruchteilen von Sekunden erfolgt. Das phänomenale Hörvermögen der Känguruhratte beruht unter anderem darauf, daß ihr Trommelfell ungewöhnlich groß ist. Auch das Mittelohr ist ziemlich groß, und so kann das Trommelfell ungehindert schwingen. Dagegen ist das ovale Fenster winzig klein. Die Größendifferenz zwischen Trommelfell und ovalem Fenster hat zur Folge, daß Töne besonders niedriger Frequenzen 100mal verstärkt werden, anstatt nur 18mal wie im menschlichen Ohr. Andere Tiere, beispielsweise Renn- und Wüstenspringmäuse, verfügen über ein ähnlich verfeinertes Gehörinstrumentarium. Ihre extreme Sensitivität ist in ihrem Lebensraum, der für unser Ohr so gut wie lautlosen Wüstenregion, von unschätzbarem Wert. In den meisten anderen Umgebungen jedoch wären derart empfindliche Ohren von Nachteil. Ihre Besitzer würden taub.

Das Einfangen von Tönen

Ein auffälliges Kennzeichen vieler Wüstentiere, etwa des Wüstenfuchses und der Wüstenspringmaus, ist der Sitz ihrer äußeren Ohren oder Ohrmuscheln, die mit ungewöhnlich vielen Blutgefäßen angereichert sind und dem Tier auch Kühlung verschaffen. Sie sammeln und trichtern Geräusche in den Ohreingang. Die langen seidigen Ohren unserer heimischen Kaninchen und Hasen erfüllen dieselbe Funktion. Selbst die vergleichsweise kleinen Ohrmuscheln etwa der Ziegen und Hirsche fangen in äußerst effizienter Weise Geräusche ein. Bei allen diesen Tieren sitzen die Ohrmuscheln nach vorn gerichtet, können aber auch zur Seite gedreht werden.

Das menschliche Ohr ist im Vergleich dazu ein schlechter Geräuschtrichter: Wir können es weder drehen noch aufrichten, seine ungewöhnliche Position ermöglicht es uns jedoch, die Quelle eines Geräusches zu lokalisieren.

Lokalisierung von Geräuschen

Auf einer Party sind unsere Ohren ununterbrochen den winzigen von Stimmen und Musik ausgelösten Druckwellen ausgesetzt. Dennoch können wir Einzelheiten heraushören, etwa die Stimmen eines neuen Gastes erkennen. Bei diesem Vorgang reduziert unser Gehirn die restlichen Töne zu Hintergrundgeräuschen. Wenn ein Glas zerbricht, können wir die Geräuschquelle unmittelbar und extrem genau lokalisieren.

Diese Fähigkeit verdanken wir der Tatsache, daß unsere beiden Ohren von etwa 20 Zentimetern akustisch unempfindlicher Gehirnsubstanz getrennt sind. Ein Ton zu unserer Linken erreicht das linke Ohr eher als das rechte. Die zeitliche Verschiebung ist minimal – sie beträgt weniger als eine Tausendstelsekunde. Das Gehirn benutzt diesen winzigen Zeitunterschied, um die Geräuschquelle zu orten. Einen weiteren Anhaltspunkt liefert unser Kopf, der die Schallwellen reflektiert. Auf diese Weise empfängt immer ein Ohr den Ton ein wenig gedämpft. Um schwache Geräusche zu lokalisieren, maximieren wir automatisch die Zeitunterschiede, mit der die Töne auf unser Ohr treffen. Wir drehen unseren Kopf so lange, bis ein Ohr in die Richtung der Geräuschquelle weist. So können wir die Richtung, aus der ein Geräusch kommt, viel genauer bestimmen als andere Tiere – mit einigen allerdings bemerkenswerten Ausnahmen, etwa der Schleiereule. Dieses Tier stellt auf die gleiche Weise fest, ob ein Ton von rechts oder von links kommt, wie wir. Sie kann jedoch auch die räumliche Höhe der Geräuschquelle herausfinden, und zwar, weil einer ihrer Ohreingänge ein wenig höher sitzt als der andere. Dieser Unterschied wird durch die charakteristische Halskrause noch verstärkt, die aus zwei Furchen engsitzender Federn besteht und das Geräusch in den jeweiligen Ohreingang leitet. Der Kanal auf der rechten Seite ist nach oben gerichtet und sammelt Geräusche, die von oben kommen. Der linke zeigt nach unten, verstärkt so Geräusche, deren Quelle unterhalb des Blickfeldes liegt. Das linke Ohr nimmt deshalb Geräusche, die von oberhalb der Augenhöhe kommen, etwas schwächer auf; das rechte Geräusche, die von unterhalb der Augenhöhe dringen. Nur wenn die Geräuschquelle in Augenhöhe und frontal zum Gesicht liegt, nehmen beide Ohren die Töne gleich stark auf.

Die Fähigkeiten der Schleiereule, Töne auf gleichzeitig zwei Ebenen zu lokalisieren, hat zur Folge, daß sie ihre Beute genau ausmachen kann. Ein großer Teil ihres Hirns ist ausschließlich dar-

auf ausgerichtet, dies zu tun. Die Eule orientiert sich also anhand einer Art »Geräuschkarte« von ihrer Umgebung. Ihr System ist so fein abgestimmt, daß die Eule nicht nur ohne Kopfdrehung Geräusche genau lokalisieren, sondern den Ort der Geräuschquelle sogar in ihrem Gedächtnis speichern kann. Die Eule kann sich bei ihrem Beutezug ganz allein auf ihr Gehör verlassen: Es leitet sie direkt und ohne Zuhilfenahme anderer Sinne zu ihrem Opfer.

Auf Töne ansprechen

Was wir bislang über das Gehörsystem der Schleiereule erfahren haben, ist wahrhaft erstaunlich genug. Aber ihre Sinnesleistung geht noch darüber hinaus: Sie kann am Geräusch erkennen, um welche Art Beutetier es sich handelt. Auch wir können Töne identifizieren und zuordnen, sogar wenn sie einander sehr ähnlich sind. Unser Gehirn erkennt nämlich den Rhythmus, das Muster und die Frequenzen der Töne.

Die Frequenz eines Tones ist die Maßeinheit dafür, wie oft pro Sekunde die Luft um die Tonquelle herum schwingt. Eine niedrige Schwingung verursacht niedrigfrequente Wellen, die wir als schwächere Geräusche wahrnehmen, während schnelle Schwingungen starke Geräusche verursachen. Die Frequenz eines Tons wird in Schwingungen pro Sekunde oder Hertz gemessen. Unsere Ohren sind bei weitem nicht an alle Frequenzen von Schallwellen »angeschlossen«, die Mehrheit aller tatsächlich vorhandenen Töne bleibt ihnen verborgen. Wenn ein schwerer Lastzug vorbeifährt, hören wir sein Dröhnen nur bis zu etwa 20 Hertz, die tieferen Schwingungen aber können wir noch fühlen. Auf der anderen Seite der Skala sind wir taub für einige Frequenzen, die zum Beispiel von sehr schrillen, hohen Tönen ausgelöst werden, wir hören sie nur bis zu circa 20 000 Hertz. Der Hörbereich ist individuell unterschiedlich. Kleine Kinder hören häufig Töne mit einer Frequenz von mehr als 20 000 Hertz. Ältere Menschen dagegen nehmen oft nur noch Frequenzen von bis zu 8000 Hertz wahr.

Die Bandbreite der Frequenzen, auf die wir ansprechen, ist wohl unter anderem durch unsere Körpergröße bestimmt. In der Regel hören große Tiere niedrigere Frequenzen und kleine höhere. So können Elefanten viel schwächere Töne wahrnehmen als wir, Mäuse hören dagegen unterhalb der 1000-Hertz-Grenze gar nichts mehr, dafür aber bis zu Frequenzen von 100 000 Hertz. Von dieser Regel gibt es jedoch viele Ausnahmen, weil Tiere sich auf die Frequenzen einstellen müssen, die ihnen optimale Überlebenschancen sichern. Die kleine Känguruhratte zum Beispiel ist sehr empfindlich für die tiefen Töne, die ihre Freßfeinde verursachen, und natürlich für die Trommelgeräusche ihrer Artgenossen. Unsere Frequenzleistung umfaßt alle die Töne, die für das biologische Wesen Mensch wichtig sind – und darüber hinaus andere –, darunter auch unerwünschte. Indem wir taub für andere Frequenzen sind, entlasten wir unser Gehirn davon, für uns unwichtige Geräusche zu empfangen und zu verarbeiten. Tiere mit wesentlich einfacher konstruierten Ohren und Hirnen reagieren dementsprechend nur auf einen engen Frequenzbereich.

Gegenüberliegende Seite: Eine Schleiereule, die sich auf eine Maus stürzt. Die Schleiereule lokalisiert ihre Beute anhand von Geräuschen.

Die Feinabstimmung bei Fröschen

Wir wären wohl sehr irritiert, wenn wir uns mit den Ohren der Frösche in unserer Welt orientieren müßten. Wir würden nämlich überwiegend die Lautäußerungen anderer Frösche und die ihrer Freßfeinde wahrnehmen. Die Ohren eines Frosches sind nur für die Frequenzen dieser Töne empfindlich, und ihr Hirn reagiert nur auf bestimmte Tonmuster. Gegenüber allen für sie unwichtigen Geräuschen sind sie taub.

Für ein Froschweibchen ist das wichtigste Geräusch der Lockruf des Männchens. Seine Ohren sind so fein darauf ausgerichtet, daß es die Stimme eines möglichen Partners aus der Kakaphonie von Quaktönen vieler Frösche heraushören kann. In New Jersey ist der Grillenfrosch heimisch, der dort auf einer Frequenz von 3500 Hertz »sendet« und von allen Weibchen seines Reviers auch sofort »verstanden« wird. Die Töne seiner Artgenossen in South Dakota dagegen schwingen mit einer Frequenz von 2900 Hertz, und die dort heimischen Weibchen sind nur auf diesen tieferen Ton eingestellt. Ein Weibchen aus New Jersey wäre dort allerdings zum Single-Dasein verbannt. Es könnte den Lockruf nicht hören. Beide Geschlechter des puertoricanischen Coqui-Frosches sind für jeweils unterschiedliche Frequenzen empfindlich. Das Tier trägt seinen Namen, weil der Ruf des Männchen für uns wie ein Ko-Ki klingt. Aber der Frosch hört nur jeweils eine dieser Silben. Der »Ko«-Teil verkündet den Besitz des Territoriums und wird mit einer Frequenz ausgestoßen, die nur andere Männchen hören können. Der »Ki«-Teil ist ein Lockruf auf einer anderen Frequenz, auf die nur die Weibchen ansprechen. Wie viele andere Frösche sind beide Geschlechter auch ausgerichtet auf einen Bereich niedriger Frequenzen. Das ermöglicht ihnen wahrscheinlich, die von ihren Freßfeinden verursachten Geräusche wahrzunehmen. Bei anderen Amphibien, etwa dem Krötenfrosch, ist die Niedrigfrequenz-Empfindlichkeit offenbar weiter entwickelt. Sein Lebensraum ist die Wüste. Während der Trockenperiode liegt er schlafend in seinem unterirdischen Bau. Sobald (der sehr seltene) Niederschlag fällt, muß er sich schnell auf Nahrungs- und Wassersuche begeben, um zu laichen. Offenbar ist das niedrigfrequente Regengeräusch das Signal dafür, sein unterirdisches Domizil zu verlassen. Gleichermaßen bizarr ist die Tonwelt der beliebtesten Beute vieler Amphibien – der Insekten.

Flügelbewegungen hören

Wer den Gesang der Zikaden oder das Gezirpe der Grillen kennt, wird nicht überrascht davon sein, daß sie auch hören können. Um so erstaunlicher ist es, daß man an den Köpfen dieser Tiere vergebens nach Ohren sucht. Zwar hören Zikaden und Grillen mit Hilfe von Membranen, die unserem Trommelfell ähnlich sind, doch sitzen diese Hörmembranen keineswegs am Kopf: Grillen tragen ihre »Ohren« an den »Knien« der Vorderbeine, Zikaden am Hinterleib. Obwohl die Hörorgane der Insekten unserem Trommelfell durchaus vergleichbar sind, reagieren sie auf Töne anders als wir. Unser Trommelfell ist ausgesprochen gut geschützt. Schallwellen treffen nur auf den vorderen Teil der Membran. Bei vielen Insekten können die Druckwellen jedoch über Luftkanäle das Gewebe ihres Organismus durchdringen und auch den hinteren Teil der Membran zum Schwingen bringen. Andere Insekten hören mit Hilfe von Haarbüscheln oder speziellen Fühlern, die statt der Druckwellen der Töne die Bewegung der schwingenden Luftmoleküle wahrnehmen. Mit ihren uns ungewöhnlich erscheinenden

Ohrkonstruktionen hören viele Insekten auf Frequenzen, für die wir Menschen taub sind. Zikaden haben einen ähnlichen Hörbereich wie wir. Er liegt zwischen 100 und 15 000 Hertz. Kurzfühlerschrecken dagegen können Töne bis zu 50 000 Hertz wahrnehmen. Nachtfalter haben einen unglaublichen Hörbereich: er liegt zwischen 1000 und 240 000 Hertz! Innerhalb seines Bereichs ist jedes Insekt besonders empfindlich für die Tonfrequenzen, die sein Leben bestimmen.

Eine besondere Rolle kommt dabei den Geräuschen der Flügelbewegungen zu. Die Flügel männlicher Grillen sind unterschiedlich strukturiert: Der eine ist an der Oberfläche feilenartig gezackt, der andere hat eine scharfe Kante. Die Grillenmännchen reiben nun die Flügel so aneinander, daß die Kante über die Feile gekratzt wird. So entsteht der auf das Weibchen ausgerichtete gesangähnliche Lockruf, auf den hin das Weibchen dem Männchen entgegengeht. Dabei leiten die Hörorgane an den Beinen das Grillenweibchen in Richtung des Rufs. Wir hören diese komplexen Vibrationen als hohes Zirpen. Aber auf das Weibchen wirken sie ganz anders. Es ist weniger empfindlich für die Höhe des Tons, also für seine Frequenz, als vielmehr für die zeitlichen Abstände der Tonimpulse und die Variationen ihrer Lautstärke. Viele Insekten registrieren Töne auf diese Weise. Andere aber, wie zum Beispiel die Maulwurfsgrille, sind höchst empfindlich für die Frequenzen der Töne, die ihr Partner mit den Flügeln produziert. Um sicher zu sein, daß seine Werbungslaute gehört werden, baut das Männchen einen Verstärker, der in ähnlicher Weise wie der Trichter eines alten Grammophons funktioniert: Er gräbt sich im Erdboden ein und buddelt an der Basis eine Vertiefung, die als Tonkammer dient. Die Grille prüft immer wieder die Größe ihres akustischen Trichters und baut ihn ständig um, bis er in derselben Frequenz wie ihre Flügelbewegungen schwingt. Das ist eine kaum glaubliche Leistung, denn das Tier kann die Effizienz des Verstärkers nur messen, indem es sich an den Veränderungen der Druckwellen innerhalb der Kammer orientiert. Sowohl der Verstärker als auch die Hörorgane des Weibchens sind auf die Töne von etwa 3000 Hertz eingestellt, die das Männchen erzeugt.

Weibliche Moskitos locken Männchen mit dem Geräusch ihrer Flügelschläge an. Auf dieses Phänomen stieß man erstmals im Jahr 1878, und zwar, als in einem New Yorker Hotel neue Lampen angebracht wurden. Die Leuchtkörper zogen männliche Moskitos an, die offenbar das Summen des Transformators für den Ton der Flügelbewegungen von weiblichen Moskitos hielten. Fern von solch verwirrendem menschlichem Gerät ereignen sich derartige Verwechslungen selten. In das Verständigungssystem der Moskitos sind nämlich zahlreiche Sicherungen eingebaut. Das Werbesummen eines Weibchens erfolgt mit einer Frequenz von ungefähr 500 Hertz. Töne dieser Höhe produziert es nur, wenn es auch paarungsbereit ist. Das Männchen nimmt die Summtöne des Weibchens über seine langen, stark behaarten Fühler wahr und breitet seine Flügel nicht aus, bevor es ebenfalls sexuell bereit ist. Wenn sich die Flügel entfalten, schlagen sie schneller als die des Weibchens und erzeugen einen höheren Summton.

Vielen Insekten dienen diese Geräusche der Flügelschläge dazu, ihre Artgenossen zu erkennen. Einige kreieren regelrechte Lieder für die Partnerwerbung. Es gibt ungefähr 2000 Arten von Fruchtfliegen, von denen sich die meisten äußerlich kaum unterscheiden. Kreuzungen zwischen verschiedenen Arten werden vermieden, indem jede Spezies ihre eigene Musik macht. Ein männliches Tier läßt sich in der Nähe eines Weibchens nieder und stellt sich selbst dar, indem es seine Flügel im Rhythmus seines Liebesliedes vibrieren läßt. Wenn das Weibchen einer anderen Art angehört, stößt es einen Laut aus, an dem das Männchen seinen Irrtum erkennt.

Der Ton seiner Flügelschläge

Hörbereiche

Wir hören nur einen Teil der Töne, die unsere Ohren erreichen. Tiere wie etwa Füchse verfügen zwar über einen ähnlichen Hörbereich wie wir, sie können aber auch Töne höherer Frequenzen wahrnehmen. Einige Tiere, zum Beispiel Frösche, haben ihre Ohren auf sehr enge Frequenzbereiche eingerichtet. Andere haben ihren Hörbereich ausgeweitet und können Töne wahrnehmen, die wir nicht mehr registrieren können. Tauben nehmen die niederfrequenten Geräusche des Infraschalls wahr; auch Elefanten haben diese Fähigkeit und benutzen die entsprechenden Töne, um sich untereinander zu verständigen. Mäuse und Fledermäuse können die hochfrequenten Töne im Ultraschallbereich wahrnehmen. Sie nutzen sie für ihre Kommunikation und für die Echoortung. Als Faustregel kann gelten, daß kleinere Tiere höhere Frequenzen hören als große Tiere.

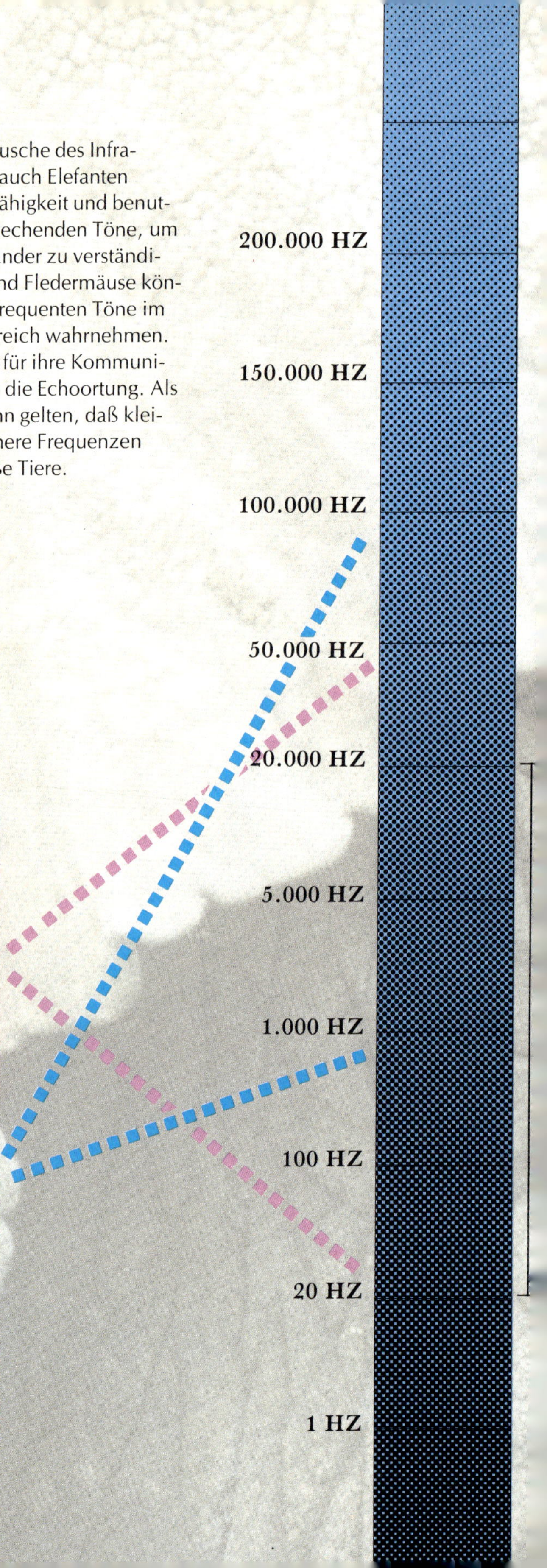

200.000 HZ
150.000 HZ
100.000 HZ
50.000 HZ
20.000 HZ
5.000 HZ
1.000 HZ
100 HZ
20 HZ
1 HZ

kann aber auch den Tod eines Tieres bedeuten. Einige Räuber haben sich auf diese Töne spezialisiert. Die Bolasspinne lockt Nachtfalter mit Duftstoffen an und fängt sie dann mit einem Tropfen Leim am Ende eines langen Fadens, den sie mit einem Bein festhält. Eine andere Lassospinne lockt Insekten auf ähnliche Weise an und schnappt sie sich dann aus der Luft. Beide Spinnen jagen bei Nacht. An den Tönen, die die Insektenflügel erzeugen, erkennen die Räuber die Position ihrer Beute. Wie die Gehörorgane einiger Insekten nehmen auch die der Spinnen eher Luftbewegungen wahr, deren auslösende Druckwelle von einem Ton erzeugt wird. Ihre Hörorgane bestehen aus einer Reihe von Haaren an jeder Seite der Spinnenbeine. Die Frequenzen, auf die das Gehör einer Spinne anspricht, richten sich nach der Länge der Haare. Große Spinnen haben lange Haare, die auf die Flügelbewegungen großer Insekten eingestellt sind. Kleine Spinnen haben kurze Haare. Die Spinne kann die Größe eines Insekts anhand der Lautstärke und der Frequenz der von ihm erzeugten Schwingungen ermitteln. Ist das Insekt zu groß, um von der Spinne überwältigt zu werden, bringt sie sich in Sicherheit. Allerdings fühlt sie sich von jedem Ton innerhalb ihres Hörbereichs angezogen, sogar vom Summen eines Menschen. Einigen Hausspinnen wird nachgesagt, sie reagierten sogar auf Musik. Wann immer ein bestimmter Ton auf dem Klavier angeschlagen wird, erscheinen sie. In Wirklichkeit aber sprechen sie nur auf Tonhöhen an, mit denen sie das Geräusch von Flügelbewegungen assoziieren.

Obwohl Spinnen und Insekten ihr Umfeld in gänzlich anderer Weise akustisch wahrnehmen als wir, orientieren sie sich ebenfalls an Lauten, die von der Luft übertragen werden. Sehr viele Lebewesen reagieren auf Schallwellen, die ein anderes Medium leitet: das Wasser.

Der Klang des Meeres

Als Angehörige der US-Marine während des Zweiten Weltkrieges Unterwasserabhörgeräte, sogenannte Hydrophone, benutzten, um deutsche U-Boote aufzuspüren, waren sie überrascht, Laute wie Bellen und Knacken, Ächzen und Knarren zu hören. Sie lauschten nicht etwa den Geräuschen eines feindlichen Wasserfahrzeugs, sondern der außerordentlich vielfältigen Kommunikation der Fische. Bis dahin hatten viele Menschen geglaubt, in der Unterwasserwelt herrsche Stille. Eine Geräuschquelle im Wasser kann jedoch ebenfalls Wassermoleküle in Schwingung versetzen, wie das an Land bei den Luftmolekülen der Fall ist. Wasser leitet Töne sogar erheblich besser als Luft. Taucher kennen das. Wenn sie etwa – gewöhnt daran, die Entfernung einer Geräuschquelle an Land einzuschätzen – glauben, direkt über sich ein Motorboot zu hören, stellen sie beim Auftauchen an die Oberfläche fest, wie sehr sie sich getäuscht haben: Das Boot ist noch weit von ihnen entfernt. Meerestiere haben ihre Lautkommunikation dieser hohen Übertragungsfähigkeit des Wassers angepaßt. Im Ozean spielt ein ähnlich vielseitiges Stimmenorchester wie im artenreichen Urwald.

Wie Vögel erzeugen auch Fische bei der Partnersuche recht unterschiedliche Lockrufe. Die männliche zweifarbige Demoiselle, ein Fisch aus der Familie der Riffbarsche, bewegt die Muskeln an seiner Schwimmblase, während er seine Runden im Korallenriff-Revier schwimmt. Dabei erzeugt das Männchen ein Zirpgeräusch. Sobald sich ein Weibchen nähert, verstärkt er sein Zirpen, um das Weibchen anzulocken. Die Längenbandorfe, ein amerikanischer Weißfisch, schnurrt wie ein Kater; der Dorsch grunzt sein Liebeslied, und das des Schellfisches ähnelt einem Motorradgeräusch. Solch ein für unsere Ohren unmelodischer Ruf kann bis zu 20 Minuten anhalten.

Auch die Laute, mit denen Kon-

kurrenten eingeschüchtert oder verjagt werden sollen, sind recht unterschiedlich. Nähert sich ein männlicher Artgenosse seinem Revier, gibt der Riffbarsch ein aggressives Knattergeräusch von sich. Der Barsch schlägt klatschend mit seinen Kiemen. Andere Fische pochen, trommeln oder knurren sogar, um vor Eindringlingen zu warnen oder sie zu vertreiben.
Einige Fische erzeugen spezielle Stimmfühlungslaute für ihre Jungen, beispielsweise, um Gefahr zu signalisieren. Wie wir schon am Beispiel mancher Landbewohner gesehen haben, ist auch die Lautkommunikation vieler Fische nicht ohne Risiko. Trompetenfische können ihre Beute auch innerhalb eines vielstimmigen Fischkonzerts heraushören. Nicht einmal stummes Verhalten kann die Opfer der Haie und Barrakudas retten. Diese Räuber können nämlich nicht nur die Schwimmgeräusche ihrer Beute hören, sondern sogar, wie sich deren Muskeln bewegen.
Zum Chor der Unterwasserstimmen gehören aber natürlich nicht nur die Lautäußerungen der Fische, sondern auch die zahlreicher anderer Lebewesen; die Schnapp-, Krach- und Knallgeräusche der Garnelen ebenso wie das Knacken der Entenmuscheln. Der Hörbereich der Fische ist sehr unterschiedlich. Einige wenige Arten, beispielsweise Elritzen, können bis zu 8000 Hertz wahrnehmen. Die meisten aber sind viel sensibler für niedrigfrequente Schwingungen und können nur wenig mehr als 500 Hertz hören.
Fischohren sind zwar von Art zu Art sehr unterschiedlich, in fast allen Fällen aber relativ einfach konstruiert. Sie haben einen anderen Bauplan als unsere und sind allerdings dem Hören in der Unterwasserwelt bestens angepaßt. Einige Fische nehmen mit ihren Hörorganen die Bewegungen von Wassermolekülen wahr, andere die davon erzeugten Druckwellen. Oft ist die Schwimmblase am Tonempfang beteiligt und fungiert für Laute mit geeigneter Resonanzfrequenz als akustischer Verstärker. Das Ohr ist entweder durch einen speziellen Kanal oder eine Kette von kleinen Knochen mit dieser luftgefüllten Kammer verbunden. Meeressäuger wie Robben und Wale lebten einst an Land, und ihre Ohren waren den unseren sehr ähnlich. Als sie jedoch im Laufe der Evolution ins Wasser zurückkehrten, haben sich ihre Ohren diesem Lebensraum angepaßt. Robben können ihre Ohröffnungen im Wasser verschließen. Bei Walen sind die Ohröffnungen winzig klein. Während wir mit den Ohröffnungen die durch die Luft übertragenen Geräusche aufnehmen, übertragen sich bei Meeressäugern die Schwingungen im Wasser durch die Gewebe im Kopf bis ins Innere des Ohrs.
Wale verfügen über eine ausgezeichnete Hörleistung. Und ihr vielfältiges Repertoire an Lauten ist inzwischen berühmt.

Der Gesang der Wale

Zahnwale, wie Delphine, Pott- und Killerwale, sind ausgezeichnete Jäger, die Fischen, Tintenfischen und vielen anderen großen und kleineren Tieren nachstellen. Sie erzeugen vielfältige Geräusche. Viele dieser Töne sind zu hoch für unseren Hörbereich. Innerhalb unseres Wahrnehmungsvermögens können wir im Gesang der Wale Laute identifizieren, die an Gekläff, an Kreischen, Stöhnen und Ächzen erinnern. Die stärker gesellig lebenden Arten erzeugen darüber hinaus Pfiffe von 0,5 bis zwei Sekunden Länge.
Die Rufe der Killerwale sind von Gruppe zu Gruppe unterschiedlich, fast, als kommunizierten die Tiere in einer Form von »Mundart«.
Auch für Menschen sind diese Unterschiede deutlich zu erkennen. Pott- und Narwale verfügen über ein noch ausgefeilteres System, bei dem jedes einzelne Tier seinen unverwechselbaren Gesang hat. Vermutlich identifizieren die Tiere ihre Artgenossen

Buckelwale (rechts) und Delphine (unten) sind bekannt dafür, daß sie eine Vielzahl verschiedenartigster Laute ausstoßen, um sich mit ihren Artgenossen zu verständigen. Zusätzlich erzeugen Delphine ganze Salven von Ultraschalllauten. Anhand der komplexen Reflexionsmuster verschaffen sie sich eine Art »Röntgen-Tonbild« von ihrem Beutetier (unten) und der Umgebung.

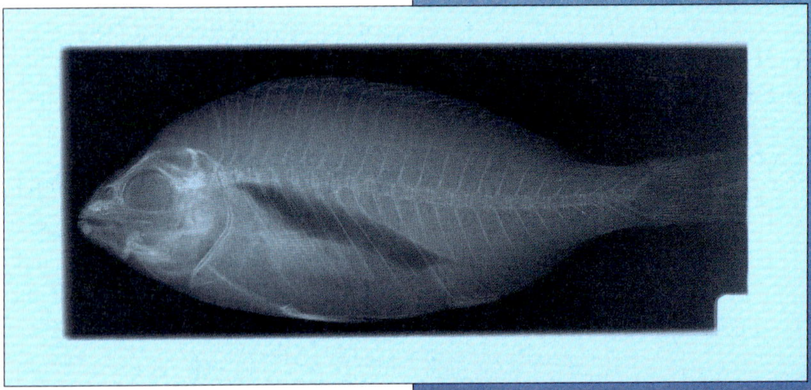

anhand dieser individuellen Melodie, die wohl noch einem weit darüber hinausgehenden Austausch von Information dient. Untersuchungen an Delphinen etwa deuten darauf hin, daß ihre Verständigungsmittel überraschend komplex sind, ein Vergleich ihrer Codes mit denen der menschlichen Sprache scheint nicht so abwegig zu sein. Deren Entschlüsselung aber hat sich als ungewöhnlich schwierig herausgestellt. Die andere große Gruppe der Wale, die Bartenwale, »weiden« an der Oberfläche der Meere. Sie filtern Plankton durch die weiten bürstenähnlichen Gebilde in ihrem Maul. Auch ihre Lautverständigung ist äußerst differenziert. Vor allem die Töne der jungen, gerade geschlechtsreifen Buckelwale sind so eindrucksvoll, daß eine Schallplatte, auf der sie aufgezeichnet waren, zum Bestseller wurde. Der Gesang der Buckelwale ist hauptsächlich während der winterlichen Brutsaison zu hören, wenn sich Hunderte dieser Tiere versammeln. Ein Lied kann bis zu acht Themen enthalten, von denen jedes aus der Wiederholung einzelner Phasen besteht. Ein solches »Sängertreffen« dauert bis zu 22 Stunden. Ein einzelnes Lied dauert zwischen acht und 20 Minuten und ist nicht nur von Gruppe zu Gruppe unterschiedlich, sondern die Lieder variieren auch mit der Jahreszeit. Zu Beginn der Saison sind noch Motive aus den Liedern des Vorjahres zu hören. Später werden neue Motive hinzugefügt, alte weggelassen oder modifiziert: Die Mitglieder der Gruppe singen dann nicht mehr alle dasselbe Lied, sondern einander ähnliche Variationen. Der Gesang der Buckelwale ist über eine Entfernung von bis zu 32 Kilometern zu hören. Vielleicht finden paarungswillige Partner auf diese Weise zueinander. Welche andere Bedeutung diese Gesänge sonst noch haben könnten, bleibt vorerst ein Geheimnis.

Am Ende der Paarungszeit gehen die Bartenwale wieder ihre eigenen Wege. Sie sind dann gelegentlich Hunderte von Kilometern voneinander getrennt. Eine andere Art, die Finnwale, schafft es sogar, auch über derartige Entfernungen miteinander in Verbindung zu bleiben. Obwohl ihre Rufe sehr laut sind, können wir sie dennoch nicht hören, da ihr Frequenzbereich bei etwa 20 Hertz liegt, unterhalb der unteren Grenze unseres Hörbereichs. Diese Frequenz ist für die Kommunikation unter Packeis, unter dem die Wale die meiste Zeit verbringen, jedoch optimal. Aber auch im offenen Meer wird diese Frequenz sehr gut übertragen. Wie weit genau die Rufe der Finnwale reichen, ist nicht bekannt. Und wenn diese Wale einen speziellen Kanal im Ozean benutzen, dann kann sogar ein Tier erreicht werden, das Tausende von Kilometern entfernt ist. Ein solcher Kanal entsteht folgendermaßen: Die Ausbreitungsgeschwindigkeit von Tönen im Wasser ist abhängig von Temperatur, Druck und Salzgehalt. Mit zunehmender Tiefe verändern sich diese drei Faktoren: In etwa 1500 Metern Tiefe entsteht durch die besondere Kombination dieser Parameter eine Art Kanal, der die Töne in eine Röhre leitet. Schallwellen prallen von den Seiten dieses Kanals ab wie von einer Mauer und werden entlang des Kanals fokussiert. Auf diese Weise kann der Ton Tausende von Kilometern weit getragen werden.

Die Navy nutzt diesen Kanal für ein SOFAR (Sound Fixing And Ranging) genanntes System, mit dessen Hilfe Unterseeboote auf Kurs gehalten werden. Es gibt keinen Hinweis darauf, daß Finnwale in Tiefen von 1500 Metern abtauchen. Es ist allerdings wahrscheinlich, daß auch sie diesen Kanal auf ihre Weise nutzen können: indem sie ihre Rufe gegen den Kontinentalschelf richten, der zu dem Kanal hin abfällt. Träfe dies zu, müßten sie im SOFAR-Kanal nun mit den Unterseebooten konkurrieren. Solche Störungen sind in der Tiefe wohl von eher marginaler Bedeutung. Im Bereich der Wasseroberfläche aber wird das Kommunikationssystem der Wale seit nun fast hundert Jahren vor allem durch die niedrigfrequenten Geräusche der modernen Seefahrt beeinträchtigt.

Ferngespräche

Der Finnwal verständigt sich mit tiefen Lauten, weil niedrigfrequente Töne sich weiter fortpflanzen als hochfrequente. Um sich diesen Mechanismus zu verdeutlichen, ist es nützlich, sich eine Tonquelle vorzustellen wie einen Stock, der in Wasser getaucht wird. Er löst dabei jedes Mal eine sich fortpflanzende Wellenbewegung aus. Je häufiger dies geschieht, desto dichter ist der Wellenkranz.
Schallwellen unterscheiden sich allerdings stark von Wasserwellen. Lediglich die Länge einer Schallwelle verändert sich mit ihrer Frequenz genauso, wie das auch bei der Wasserwelle geschieht. Töne werden in der Luft mit einer Geschwindigkeit von circa 340 Metern pro Sekunde weitergetragen. Bei einer Frequenz von 20 Hertz sind das etwa 20 Wellen pro Sekunde; folglich ist jede ungefähr 17 Meter lang. Derart lange Wellen werden von Hindernissen kaum gebrochen. An der Obergrenze unseres Hörvermögens jedoch, bei 20 000 Hertz, sind die Wellen nur 17 Millimeter lang. Diese Tatsache wird uns in ärgerlicher Weise demonstriert, wenn von der Musik, die unser Nachbar hört, nur dumpfe Rhythmen an unser Ohr dringen: Die Mauern und Fenster verschlucken die höheren Lagen, der monotone Baß und das Schlagzeug dagegen suchen uns unbarmherzig heim.

Im Reich des Infraschalls

Vögel verfügen über einen großen Hörbereich, obwohl man lange vermutet hat, daß ihr niedrigfrequentes Hörvermögen schwächer sei als unseres. Als man dann sensitive Geräte in zoologischen Instituten einsetzte, fanden Wissenschaftler heraus, daß Tauben selbst noch Töne im 0,1-Hertz-Bereich hören können – das entspricht einer Schwingung im Zehn-Sekunden-Rhythmus. Da die Taubenohren keine besonderen physiologischen Merkmale aufweisen, ist es wahrscheinlich, daß viele Vögel im Infraschallbereich hören können. Diese Entdeckung hat zu einer Reihe von Spekulationen darüber geführt, wozu die Vögel diese phänomenale Fähigkeit gebrauchen. Die bei weitem spannendste Vorstellung ist die, daß Zugvögel Infraschall als Hilfe bei der Navigation nutzen. Wie viele andere Tiere prägen sich die Vögel anhand ihrer Sinneswahrnehmungen eine Art Landkarte von ihrem Lebensraum ein. Würden sie den Infraschall tatsächlich nutzen, könnten sie den Radius ihrer Landkarte mit Hilfe des Gehörs um Hunderte von Kilometern erweitern. Sogar über noch weitere Entfernungen könnten sie Anhaltspunkte für die geographische Lage von Meeres-, Wüsten- oder Bergregionen gewinnen, und zwar aufgrund der Tonmuster, die entstehen, wenn der Wind über die Landschaft streicht. Infraschall könnte auch dazu dienen, die Wetterlage zu bestimmen.
Während der trockenen Jahreszeit leben männliche afrikanische Perlhühner in Gruppen. Kurz bevor dann der große Regen beginnt, zerstreuen sie sich und suchen sich ein Brutrevier. Die Regenzeit setzt jedoch in jedem Jahr unterschiedlich ein. Dennoch erkennen die Perlhühner offenbar immer, wann der Zeitpunkt gekommen ist, die Gruppe aufzulösen und die Paarung zu beginnen. Diese erstaunliche Instinktsicherheit könnte mit ihrer Fähigkeit zusammenhängen, im Infraschallbereich zu hören.
Wir hören einen Donner nur, wenn das Gewitter so nahe ist, daß uns seine höchsten Frequenzen erreichen. Aber der Donner erzeugt auch Töne im Infraschallbereich, die wesentlich weiter getragen werden. Aufgrund dieser Töne können Perlhühner wohl Stürme hören, die noch Hunderte von Kilometern

Infraschall und Vogelnavigation

Extreme niedrigfrequente Töne (Infraschall) verbreiten sich über Hunderte von Meilen. Vögel, die solche Töne wahrnehmen können, nutzen sie vielleicht als Führer bei der Navigation. Infraschallquellen können, lange bevor sie sichtbar werden, zur akustischen Orientierung dienen. Vögel lernen sie zu erkennen und zu benutzen, um ihre Flugroute zu bestimmen.

Der Infraschall, der von sich am Ufer brechenden Wasserwellen erzeugt wird und der mit einer Infraschallfrequenz von einem Hertz »summt«, dient vielleicht als Orientierung für jene Zugvögel, die weite Distanzen zurücklegen. Viele Vögel überqueren ausgedehnte Meeresregionen, um ihre Winterquartiere zu erreichen.

Sogar weit entfernte Gebirge (oben) können als Infraschallorientierung genutzt werden. Wenn der Wind über solche Formationen streicht, entsteht ein niedrigfrequentes Summen. Maschinen sind Quellen des Infraschalls (unten). Auch Wasserfälle (ganz unten) produzieren Infraschall. Vögel können sich an solchen örtlichen Geräuschquellen orientieren, um nach Hause zu finden.

weit entfernt sind. Auf diese Weise würden sie bei Wetteränderungen schon sehr früh gewarnt. Die Fähigkeit, ungünstiges Wetter rechtzeitig zu erkennen und ihre Flüge daran ausrichten zu können, wäre für Zugvögel von gar nicht zu überschätzender Bedeutung. Allerdings wäre jede Infraschallwelle, die sie während ihres Zuges erreichen würde, mit sehr ähnlichen Luftbewegungen vermischt, die aufgrund von Turbulenzen in der Atmosphäre entstanden sind.

Manche Vögel können offenbar auch eine solche Tonirritation nutzen, der sie zum Beispiel in sogenannten Thermen ausgesetzt sind. Thermen entstehen, wenn die Sonne den Erdboden erhitzt und die dadurch erwärmte Bodenluft in Säulen aufwärts steigt. Große und schwere Zugvögel, wie Störche, Pelikane und Kraniche, nutzen den Auftrieb der Thermen und gehen dann in einen kräftesparenden Gleitflug über, wobei sie an Höhe verlieren. Wie die Vögel diese Thermen aber orten, ist noch immer ein Geheimnis. Inzwischen vermutet man, daß sie sich an den niederfrequenten »Pseudotönen« dieser Thermen orientieren.

Die Pseudotöne werden aber vom Geräusch der Flügelschläge überlagert. Ein Vogel von Sperlingsgröße schlägt 14mal pro Sekunde mit seinen Flügeln, die größere Möwe dreimal. Die von der Flugbewegung erzeugten Geräusche liegen also im Infraschallbereich. Ihre Fähigkeit, sich akustisch darauf einzustellen, könnte vielen Vögeln dabei helfen, ihre Position im Schwarm beizubehalten, was besonders bei Nacht wichtig ist.

Nun gibt es nicht nur Vögel, die Infraschall wahrnehmen, also gewissermaßen passiv nutzen können. Von mindestens einer Art weiß man sogar, daß sie Infraschalltöne *erzeugt*: Auerhühner sind große schwarze Waldhühner, die in Eurasien und den nadelholzreichen Bergwäldern Mitteleuropas leben. Die meiste Zeit des Jahres leben die Tiere vereinzelt im Wald. Während der Paarungszeit jedoch versammeln sich die männlichen Tiere auf einer Art Tanzplatz. Während sie dort mit fächerförmig ausgebreitetem Schwanz, flügelschlagend und mit hochgerecktem Hals umherstolzieren, stoßen sie seltsame Kollerlaute aus. Diese Laute, für unsere Ohren eher leise, locken Auerhühner über Kilometer dichter, also lärmschluckender Waldbestände an. Bei näherer Überprüfung dieses Phänomens stellte sich heraus, daß die Balzrufe auf Frequenzen erfolgten, die für menschliche Ohren nicht mehr wahrnehmbar waren. Auerhühner aber reagieren offenbar auf das Liebeslied im Infraschallbereich. Von dem untypisch großen Hörbereich der Vögel war eingangs dieses Kapitels schon die Rede. Und wir haben erörtert, daß er eine evolutionäre Anpassungsleistung an die besonderen Bedingungen sein könnte, die die Arterhaltung an Orientierungs- und Navigationsvermögen der Vögel gestellt hat. Doch auch das größte Landsäugetier, der Elefant, kann offenbar im Infraschallbereich hören. Schon seit längerer Zeit weiß man, daß Elefanten in einem niedrigfrequenten Hörbereich wahrnehmen können, der unterhalb der menschlichen Hörfähigkeit liegt. Nicht bekannt war jedoch, daß sie Infraschalltöne nicht nur hören, sondern auch erzeugen können.

Es ist noch nicht lange her, daß eine Zoologin im Elefantengehege des Washingtoner Zoos seltsam rumpelnde Geräusche hörte. Einer Intuition folgend, nahm sie die Laute mit einem Tonbandgerät auf, das für den niedrigfrequenten Bereich geeignet war. Das Ergebnis war überraschend: Es stellte sich heraus, daß der Infraschall von der Stirn des Elefanten ausgeht. Er wird im Kehlkopf produziert, durch die Luft in einen Hohlraum und unterhalb des natürlichen Resonanzbodens der Stirn weitergeleitet. Dieser wird in Schwingungen versetzt. Das untersuchte Tier war ein indischer Elefant. Aber bald zeigte sich, daß auch afrikanische Elefanten Infratöne erzeugen. Alle diese Töne liegen knapp unterhalb der Grenzen des menschlichen Hörvermögens.

Diese Entdeckung erklärte, was

Zoologen und Wildhüter schon länger verwundert hatte: Eine Elefantenherde bewegt sich oft weit verstreut durch Waldungen oder offene Ebene. Doch die Tiere einer Gruppe kommen immer sofort zusammen, um einem Artgenossen zu helfen, dem Gefahr droht. Und bei einer solchen Gefahr zieht die gesamte Herde gleichzeitig und auffallend leise weiter. Mit Hilfe von Infraschalltönen können Elefanten ihre Richtung mit der anderer Tiere, die viele Kilometer entfernt sind, koordinieren.
Sowohl männliche als auch weibliche Elefanten benutzen Infraschall, um Partner anzulokken. Auf entsprechende Tonbandaufnahmen reagierten sie sofort und liefen auf die Lautsprecher zu. Auch ein von seiner Mutter getrenntes Jungtier bedient sich des Infraschalls. Während es saugt, gibt es Infraschallversionen von sich, die dem Glucksen eines menschlichen Babys ähneln.
Bislang wissen wir noch wenig über das Reich des Infraschalls und wie Tiere ihn nutzen. Auf der anderen Seite der Tonskala jedoch, im Ultraschallbereich, haben wir mit Hilfe spezieller Geräte eine große Zahl von Tierlauten feststellen können, die oberhalb unseres Hörbereichs liegen.

Privates Geplapper

Die für uns typischen hohen Quiektöne der Mäuse und Ratten sind schon Laute mit den niedrigsten Frequenzen, die diese Nagetiere überhaupt erzeugen. Sie liegen zwischen der oberen Grenze unseres Hörbereichs von 20 000 Hertz und Überschallfrequenzen, von denen einige 100 000 Hertz erreichen. Aber selbst wenn unsere Ohren auf Töne dieser Höhe reagieren könnten, würden wir sie nur dann überhaupt wahrnehmen, wenn wir uns in unmittelbarer Nähe der Tiere befänden. Diese hohen Frequenzen verbreiten sich nicht über größere Entfernungen, weil sie sehr schnell vom Boden, vom Unterholz und sogar von der Luft absorbiert werden, vor allem, wenn es neblig oder dunstig ist. Deshalb ist Ultraschall für Nagetiere von so großer Bedeutung: Sie können sich in ihren unterirdischen Gängen verständigen, ohne von Freßfeinden gehört zu werden. Jungtiere werden allerdings manchmal sogar von erwachsenen Artgenossen angegriffen. Sobald aber eine junge Maus mit einem ausgewachsenen Tier in Berührung kommt, stößt sie einen besonderen Ultraschallruf aus, der den Angreifer besänftigt. Die größte Gefahr für sehr junge Mäuse besteht darin, aus dem Nest zu fallen. Dann sind sie hilflos und gehen oft schnell an Unterkühlung ein. Isolierte Jungmäuse quieken deshalb so lange mit einer Frequenz zwischen 45 000 und 88 000 Hertz, bis das Muttertier sie findet und ins Nest zurückträgt.
Auch während der Paarung stoßen Mäuse Ultraschalltöne aus. So ist der Beckenstoß des Mäusemännchens von rhythmischem Gequieke begleitet. Rattenmännchen »singen« nach vollzogener Paarung eine Art Lied. Es besteht aus Tonausbrüchen von bis zu drei Sekunden Dauer, die nur knapp oberhalb der menschlichen Hörgrenze liegen. Wenn Ratten jedoch miteinander kämpfen, erzeugen sie wesentlich höhere Töne. Treffen zwei einander fremde Rattenmännchen aufeinander, boxen und ringen sie und stoßen dabei unterschiedliche Töne zwischen 40 000 und 70 000 Hertz aus. Jeder einzelne Ton dauert nicht einmal eine Siebenhundertstelsekunde. Sobald die unterlegene Ratte in Unterwerfungshaltung geht, dehnt sie ihr Quieken auf ungefähr eine Sekunde aus, die Tonhöhe sinkt auf 30 000 Hertz. Der Rang einer männlichen Ratte innerhalb der Gruppe kann also an ihren Rufen erkannt werden. Auf diese Weise bleibt die Hierarchie in einer Rattenkolonie ohne unnötige Kämpfe erhalten. Auch Hunde können unter Umständen Frequenzen von 40 000 Hertz und damit die Laute der

Elefanten können viel leisere Töne hören als wir. Erst kürzlich wurde entdeckt, daß sie auch niedrigfrequente Töne (Infraschall) erzeugen. Vermutlich nutzen sie diese Töne über weite Entfernung für die Verständigung mit anderen Mitgliedern der Herde.

Ratten wahrnehmen. Ein erfahrener Mäusejäger, die Katze, hört sogar Töne von 70 000 Hertz. Und ein anderes beliebtes Haustier, der Hamster, kann Schwingungen von bis zu 100 000 Hertz registrieren. Abgesehen von der Tatsache, daß Tiere, die auf so hohe Frequenzen eingestellt sind, von potentiellen Feinden nicht gehört werden, hat das Hochfrequenzhören noch einen weiteren Vorteil. Je höher der Ton, desto leichter ist die Schallquelle zu lokalisieren. Wir können dies sogar innerhalb unseres eigenen begrenzten Hörbereichs feststellen. Das dumpfe Rumpeln eines schweren Lastzuges versetzt alles um uns herum in Schwingungen, einen hohen Pfiff dagegen können wir unmittelbar als Tonquelle registrieren. Die Fähigkeit, Geräusche zu lokalisieren, ist besonders für jene Tiere wichtig, die sich mit Hilfe von Tönen ihren Weg suchen.

Geleitet von Tönen

Viele Blinde haben die Fähigkeit perfektioniert, auch auf einem Gehweg nirgendwo anzustoßen oder andere Menschen anzurempeln. Ein blindes sechsjähriges Kind kann ein Dreirad genauso geschickt steuern wie ein dreijähriges, das sehen kann. Blinde Menschen beschreiben dieses Phänomen oft als Fähigkeit, »Schatten« oder »Druck« auf ihrem Gesicht zu fühlen, auch als »Gesichts-Sehen« bekannt. Als man Versuchspersonen jedoch die Gehörgänge verstopfte, verschwand dieses Gesichts-Sehen. Diese Menschen hatten sich nämlich von ihrem Gehör leiten lassen. Blinde können an der Art, wie beispielsweise der Schall ihrer Schritte reflektiert wird, zwischen verschiedenen Gegenständen unterscheiden.

Aber auch viele Menschen mit gesunden Augen nutzen solche Schallreflexionen, etwa um Entfernungen einzuschätzen. Wenn wir in eine dunkle Höhle hineinrufen, können wir anhand der Zeit, die vergeht, bis das Echo zu uns zurückgekommen ist, etwa die Größe der Höhle beurteilen. Tiere, die überwiegend im Dunkeln leben, haben allerdings eine wesentlich verfeinerte Methode entwickelt.

Die Salanganen, schwalbenähnliche Vögel in Südostasien, sind Höhlenbewohner. Sie bauen ihre Nester aus Speichel, der den Hauptanteil der »Bausubstanz« ausmacht. Auch die Fettschwalme Südamerikas verbringen die meiste Zeit ihres Lebens in Höhlen. Salanganen und Fettschwalme stoßen in ihren Wohnhöhlen ständig eine Art Klickgeräusch aus. Durch Echolotpeilung können sie sich auf diese Weise sogar in der völligen Dunkelheit ihrer Höhlen orientieren und jedem Hindernis aus dem Wege gehen. Weil sie schnelle Flieger sind, müssen sie eine Vielzahl von Lauten ausstoßen und deren Echos verarbeiten, um Kollisionen zu vermeiden. Die Klickgeräusche der Fettschwalme dauern nur eine Hundertstelsekunde und sind noch nicht einmal einzelne Laute, sondern ein ganzer Schwall von Impulsen. Jeder dieser Impulse wiederum ist nur eine Tausendstelsekunde lang. Wir nehmen sie nur als zusammenhängenden Ton wahr, weil die Impulse für das menschliche Ohr zu schnell aufeinanderfolgen, um als einzelne Laute wahrgenommen zu werden. Der Fettschwalm dagegen hört nicht nur jeden einzelnen Impuls, sondern er interpretiert auch noch das Echo.

Die Echoortung der Vögel ist aber selbstverständlich von der Frequenzleistung ihres Gehörsinns begrenzt. So fällt das Hörvermögen des Fettschwalms bei Frequenzen von mehr als 6000 Hertz rapide ab. Am empfindlichsten ist sein Gehör für Töne um 2000 Hertz. Das ist auch die Hauptfrequenz seiner Klicklaute. Ungünstigerweise sind Schallwellen dieser Frequenz ziemlich lang, so daß sie von kleinen Objekten nicht reflektiert werden, sondern sich um das Objekt herum ausbreiten. Deshalb können Fettschwalme Objekte nicht orten, deren Durchmesser deutlich kleiner als 20 Zentimeter ist.

Die Salanganen sind da wesentlich besser gerüstet. Ihre Ohren reagieren auf erheblich kürzere Schallwellen, und so können sie sogar »Hindernisse« von sechs Millimeter Durchmesser meiden. Flughunde der Gattung Rousettus, die mit den Fledermäusen zu den Federtieren gehört, erzeugen Töne mit einer höheren Frequenz, die aber immer noch innerhalb unseres Hörbereichs liegen. Auch wenn er schnell fliegt, kann der Flughund mit Hilfe seiner Zungenschnalzlaute Objekte von nur 0,5 Millimeter Durchmesser lokalisieren. Um noch kleinere Gegenstände wahrnehmen zu können, müßten die Tiere schon in den Ultraschallbereich ausweichen. Das tut eine ganze Reihe von Säugern. Spitzmäuse und Borstenigel geben Laute zur Echoortung von sich, wenn sie sich in ihren unterirdischen Gängen bewegen. Ihr Überschallquieken oder ihre Zungenschnalzlaute werden sogar von Grashalmen reflektiert. Das hilft den Tieren, sich im Zusammenspiel mit ihren anderen Sinnen zu orientieren. Ihre Töne sind im Vergleich zu den fein abgestimmten Klicklauten der Fettschwalme und Salanganen ziemlich grob. Aber sie reichen völlig aus, um die viel langsameren Bodenbewohner sicher durch ihre Umgebung zu leiten. Ein anderes Tier hat den Gebrauch von Ultraschallfrequenzen mit verfeinerten Tonäußerungen so wirkungsvoll kombiniert, daß es extrem gute Ergebnisse erzielt.

Echoortung mit Ultraschall

Die Echoortung insektenfressender Fledermäuse ist so raffiniert, daß sie selbst bei völliger Dunkelheit fliegende Insekten fangen können. Die Töne, die sie in ihrem Kehlkopf erzeugen, reichen auf der Ultraschallskala bis zu 200 000 Hertz. So können sie selbst auf 20 Meter Entfernung noch eine Mücke ausmachen. Ihre großen Ohrmuscheln, die sich nach der Schallquelle drehen können, saugen das Echo wie mit einem Trichter ein. Die Form der Fledermausohrmuscheln ist ähnlich wie die menschliche. Aber sie ist so verfeinert, daß die Fledermaus äußerst sensitiv gegenüber Ultraschall ist. Ein großer Teil ihres Gehirns ist dafür eingerichtet, diese Ultraschallbotschaften zu empfangen und zu verarbeiten. Ohne ihren extrem funktionsfähigen Gehörsinn würde die Fledermaus »blind« durch die Nacht torkeln. Die von ihr ausgestoßenen Töne registrieren alles, was vor ihr liegt. Ihr Gehirn nutzt das empfangene Echo, um daraus ein »Tonbild« der Umgebung zu formen.

Während der Jagd gibt die Fledermaus eine Kette von Tonimpulsen ab, und zwar zehn pro Sekunde. Trifft sie auf ein Objekt, steigert sie die Impulsfrequenz auf 25 bis 50 Laute pro Sekunde, um seine Form und Größe zu prüfen. Sobald sie sich auf das Töten eines Beutetieres vorbereitet, erhöht sie die Rate auf sogar 200 Impulse pro Sekunde.

Viele Fledermäuse verbessern ihr Tonbild mit Hilfe unterschiedlicher Frequenzen. Jeder Impuls besteht aus einem Bild verschiedener Frequenzen, wie eine Art Ultraschallsirene, beginnend bei 80 000 und endend bei 40 000 Hertz. Die niedrigeren Frequenzen dringen weiter vor und prüfen ein größeres Areal als die höheren Frequenzen, die schon von kleinen Objekten reflektiert werden. Der Gebrauch einer ganzen Bandbreite von Frequenzen hat darüber hinaus den Vorteil, daß die verschiedenen Wellenlängen des Schalls von unterschiedlichen Teilen eines Objektes reflektiert werden und so auch kleine Einzelheiten erkennen lassen. Einige Fledermäuse jagen Fische. Sie nutzen die Technik der Echolotpeilung, um über das Wasser hinwegzugleiten.

Zwar können ihre Impulse die Wasseroberfläche nicht durchdringen, aber sie verraten die von den Schwimmbewegungen ausgelösten Wellen. Fledermäuse können die Wellen, die

Die Echoortung der Fledermaus

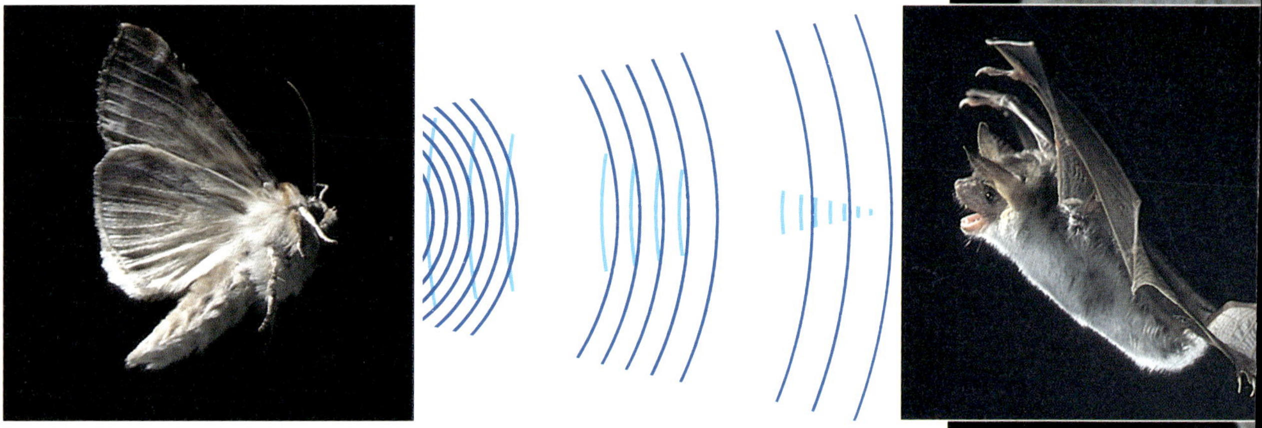

Die Basis-Echoortung

Mit diesem System produziert die Fledermaus Tonstöße und mißt die Zeit, die zwischen dem Ausstoß und dem Echo verstreicht, das vom Objekt reflektiert wird. Eine lange Zeitspanne bedeutet, daß das Objekt weit entfernt ist; eine kurze, daß das Tier seinem Ziel nahe ist. Eine fliegende Fledermaus produziert normalerweise zwischen fünf und 20 Tonstöße pro Sekunde. Doch wenn sie ihrer Beute näher kommt, steigt die Rate auf 200 pro Sekunde.

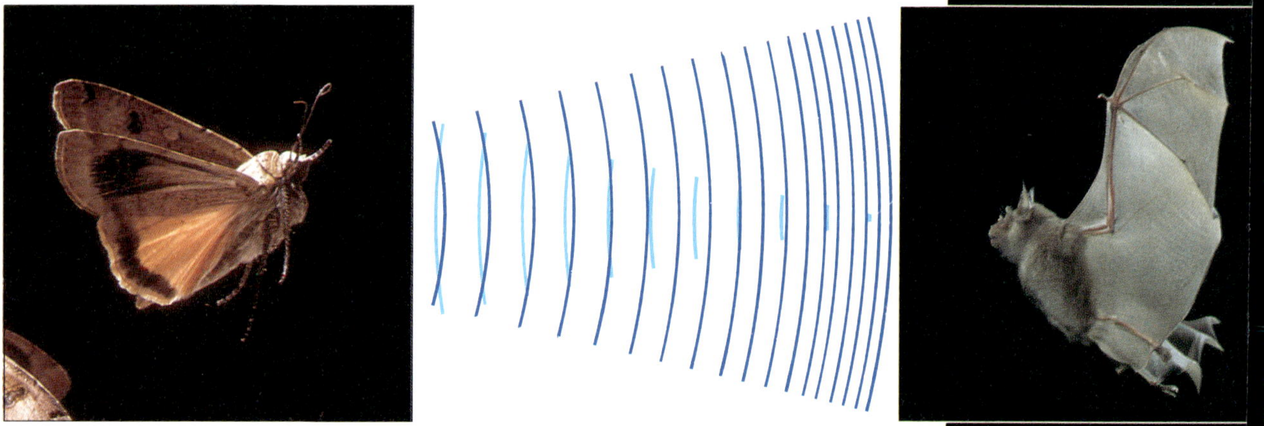

Dopplereffekt

Die Fledermaus erzeugt einen Infraschall-Strahl und lauscht dann auf die Veränderung in der Tonhöhe des Echos. Wenn sie zum Beispiel auf einen Nachtfalter zufliegt, werden die Abstände zwischen den reflektierten Schallwellen immer kürzer. Dabei erhöht sich die Tonlage dieses Echos. Daran erkennt die Fledermaus, daß sie ihrem Ziel immer näher kommt. Fliegt der Falter weg, sinkt die Höhe des Echos allmählich ab.

beispielsweise von herabfallendem Laub oder von Ästen verursacht werden, von denen unterscheiden, die von Beutefischen stammen. Hat die Fledermaus ein Beutetier ausgemacht, stößt sie herab und greift den Fisch mit ihren krallenbewehrten Füßen.
Noch eine andere Methode der Echoortung kommt bei Fledermäusen vor. Sie ist als Doppler-Effekt bekannt. Der Begriff bezeichnet die Veränderung der Tonfrequenz, die entsteht, wenn sich die Entfernung zwischen Geräuschquelle und Zuhörer verändert. Wird der Abstand zwischen Geräuschquelle und Hörendem kleiner, werden die Schallwellen gebündelt, und die Töne werden höher. Wenn sich der Abstand zwischen Geräuschquelle und Hörer vergrößert, streuen die Schallwellen, und die Töne klingen tiefer. Wer schon einmal ein Autorennen im Fernsehen verfolgt hat, kennt diesen Effekt. Nähert sich ein Rennwagen dem Mikrofon des Reporters, wird das Motorengeräusch höher. Sobald der Wagen sich entfernt, klingt das Motorengeräusch tiefer.
Fledermäuse, die den Doppler-Effekt nutzen, stoßen lange Tonfolgen aus. Bei ihrem Beuteflug kann die Fledermaus anhand der leichten Frequenzveränderungen des Echos sowohl die Richtung als auch die Geschwindigkeit des Insekts feststellen. Sie kann diese Technik aber auch ähnlich nutzen wie die Polizei ein Radargerät. Die Fledermaus wartet in einem Versteck auf einen Nachtfalter. Sobald er in ihre Reichweite gerät, ermittelt sie genau Geschwindigkeit und Position des Opfers und fängt es im Flug.
Insekten sind dieser Ultraschallfalle jedoch nicht völlig wehrlos ausgesetzt, viele von ihnen können nämlich den Schallstrahl der Fledermäuse hören und ihm ausweichen. Die Gottesanbeterin etwa trägt auf der Brust ein Hörorgan und kann so das Herannahen der Fledermäuse wahrnehmen. Die Ohren der Florfliege sitzen an der Basis der Vorderflügel. Sobald an die Gehörgänge etwas von der Echoortung einer Fledermaus dringt, klappt sie die Flügel zusammen. Die Männchen der Wachsmotten und Sattelschrecken locken ihre Partnerinnen mit Hilfe von Ultraschall an. Wenn sie aber merken, daß sich eine Fledermaus nähert, stellen sie ihre Partnerwerbung ein. Nachtfalter und Bärenspinner falten in diesem Fall sofort ihre Flügen zusammen und lassen sich aus der Luft zu Boden fallen. Oder sie vollziehen eine Kehrtwendung um 180 Grad. Die Verteidigungsstrategie der Bärenspinner geht aber noch darüber hinaus. Sie »rufen« mit Ultraschall, was womöglich das Ortungssystem der Fledermaus blockiert, vielleicht aber auch nur ein Warnsignal bedeutet, denn Bärenspinner sind ungenießbar.
Noch eine andere Gruppe von Tieren bedient sich einer solchen Echoortung: die Zahnwale. Oft jagen sie in trübem Wasser, wo nur wenig Licht vorhanden ist. Die Jagdgründe der Flußdelphine sind sogar so trübe, daß die Tiere praktisch nichts sehen können. Infolgedessen sind ihre Augen fast völlig verschwunden. Sie lassen sich allein von Tönen leiten und finden dabei ausreichend Nahrung. Delphine produzieren die Ortungssignale möglicherweise im Kehlkopf oder in der Nasenregion. Der genaue Mechanismus der Lauterzeugung ist unklar. Die Töne werden über eine kuppelartig geformte Partie am Kopf ausgesendet, der sogenannten Melone. Sie fungiert als Linse, nur daß sie statt Licht Töne fokussiert. Das zurückkehrende Echo wird vermutlich über einen Fettkörper im Unterkiefer dem Ort der Schallverarbeitung zugeleitet.
Wie Fledermäuse stoßen auch Delphine zehn bis 20 Impulse pro Sekunde aus, können ihre Frequenz während der Jagd aber bis auf 200 pro Sekunde erhöhen. Darüber hinaus produzieren sie Töne ähnlicher Frequenzen, die bis zu 200 000 Hertz ausmachen. Anstatt jedoch mit jedem Impuls die verschiedenen Frequenzen zu verwenden, senden die Delphine eine ganze Serie von Tönen, die einen großen Frequenzbereich umfaßt, auf einmal aus. Aus den komplexen Reflexionen kann der Delphin sich ein genaues Bild von seiner

Umgebung zusammensetzen. Um die Auflösung zu verbessern, vermag er sogar das Frequenzband auf das zu untersuchende Objekt gezielt einzustellen. Ohne diese im Vergleich zur Fledermaus wesentlich verfeinerte Technik käme der Delphin nicht aus, weil der Schall sich im Wasser fast fünfmal so schnell ausbreitet wie in der Luft. Das bedeutet, daß Schallwellen im Wasser auf jeder Frequenz fast fünfmal länger sind, als sie es in der Luft wären. Deshalb liefern Peillaute derselben Frequenz im Wasser schlechtere Ergebnisse als in der Luft. Das System der Echoortung des Delphins reicht aber nicht nur für den Fischfang völlig aus, er kann darüber hinaus innerhalb des Nahrungsangebots zielsicher seine Lieblingsbeute ausmachen.
Eine andere Wirkung der Unterwasser-Echoortung ist, daß der Delphin seine Beute in gänzlich anderer Weise wahrnimmt als die Fledermaus. Die in der Luft erzeugten Laute der Fledermaus werden (beispielsweise) von Insekten reflektiert. Im Wasser erzeugte Töne durchdringen dagegen das Gewebe der Fische bis auf Knochen und Schwimmblase. Deshalb entspricht das Tonbild, das sich ein Delphin aufbaut, eher einer Röntgenaufnahme als einer Fotografie.

Betäubung durch Schall

Zum Unterwasserchor gehören einige Tiere, die mit einem Schallwaffensystem ausgerüstet sind. Das Knallkrebschen ist mit einer besonderen Schere ausgerüstet, deren Gelenk von zwei Saugscheiben offengehalten wird. Wird die Schere geschlossen, lösen sich die Saugnäpfe mit einem Knall, der noch in einem Kilometer Entfernung zu hören ist und wie ein betäubender Schuß wirkt. Das Knallkrebschen packt sein Opfer mit einer zweiten Schere und richtet ein Sperrfeuer weiterer Tonschüsse auf dessen Kopf. Danach kann es seine Beute in aller Ruhe verzehren.
Man hat Pottwale gefunden, deren Kiefer so stark beschädigt waren, daß sie einen lebenden Fisch damit nicht mehr hätten packen und halten können. Dennoch wirkten diese Wale gesund und gut genährt. Eine Erklärung dafür ist, daß sie zunächst ihre Beute mit Hilfe von Schall betäuben, der vielleicht im Spermaceti genannten Organ in einem Hohlraum des Oberkiefers erzeugt wird. Die Muskeln dieses Organs können einen sehr hohen Luftdruck erzeugen. Er wird zu einer Art Tonstrahl mit einer Intensität von 265 Dezibel konzentriert. Fische und Tintenfische werden schon von Tönen mit sehr viel geringerem Schalldruck innerhalb weniger Minuten getötet. Zum Vergleich: Unser Ohr beginnt bei 150 Dezibel zu schmerzen.
Mit Ausnahme der Pottwale können offenbar auch andere Zahnwale sehr laute Töne erzeugen. Sie verfügen über ein ganzes Repertoire an Impulsen, die der Verständigung mit Artgenossen und der Echoortung dienen. An in Aquarien gehaltenen Delphinen hat man gelegentliche intensive Tonausbrüche beobachtet. Auf einen Fischschwarm gerichtet, wirken sie wohl ähnlich wie eine Schrotflinte. Viele Fische des Schwarms werden desorientiert. Eine solche Waffe ist für den Delphin besonders nützlich, weil die unzähligen sich bewegenden Fischkörper eines Schwarms das Bild verzerren, das der Delphin aus der Echoortung gewinnt, und zwar so stark, daß er in einem Schwarm ein einzelnes Beutetier nicht mehr anpeilen kann.
Bislang weiß man allerdings nicht, ob Zahnwale diese Waffe regelmäßig benutzen. Wenn ja, dann kombinieren sie ein komplexes Kommunikationssystem und ein detailliertes Echoortungsbild von ihrer Umgebung mit der Fähigkeit, nicht nur Beute zu lokalisieren und sie mit Hilfe von Schall zu erjagen. In diesem Fall wäre eine solche vielfältige Kombination von Hörleistung wie die der Zahnwale einzigartig in der belebten Natur.

Läuft uns bei Düften, die uns an ein schmackhaftes Gericht erinnern, das Wasser im Mund zusammen, ist dies Folge einer Sinnesleistung, die selbst bei primitivsten Lebensformen vorkommt. Sogar einzellige Protozoen können in ihrer Nahrung Chemikalien aufspüren. Ob ein Tier seine Nahrungsquelle jedoch schmeckt oder »erriecht«, ist schwer herauszufinden. Der Unterschied zwischen beiden Sinnen ist oft undeutlich. Eine Schlange benutzt ihre gespaltene Zunge, um Geruchspartikel aus der Luft zu sammeln; sie schmeckt sie auf einer besonderen Membran im hinteren Teil ihres Maules: dem Jakobsonschen Organ.

Die Geruchs- und Geschmacksorgane der Insekten sind oft miteinander kombiniert, einige erfüllen sogar beide Funktionen. Viele verfügen jedoch über spezielle Geschmacksrezeptoren an der Mundpartie oder an den Füßen, um die Nahrungsquelle, auf der sie landen, zu identifizieren. Die Nahrung haben sie – manchmal über weite Strecken – mit dem Geruchssinn aufgespürt. Eine Wahrnehmung, die wir Geruchssinn nennen würden. Üblicherweise riechen Insekten, indem sie ihre Fühler auf Gerüche in der Luft einstellen. Blumenduft wirkt auf Bienen wie ein Magnet. Die Biene erfüllt ihren Teil der Symbiose, indem sie den Blütenstaub weiterträgt und damit eine Befruchtung erst möglich macht. Andere Insekten werden von Gerüchen angezogen, die wir kaum oder gar nicht wahrnehmen können. Moskitos etwa schwirren nachts um die Köpfe der Menschen, weil sie vom Kohlendioxyd angezogen werden, das wir mit der Atemluft abgeben. Tsetsefliegen reagieren in ähnlicher Weise und über kilometerweite Entfernungen auf den Atem von Rindern.

Die Geruchs- und Geschmacksorgane der Fische arbeiten getrennt voneinander, ihre Geschmacksrezeptoren sind – ebenfalls anders als bei uns – nicht auf das Maul beschränkt. Die Körper einiger Katzenfischarten sind mit so vielen Geschmacksknospen übersät, daß man sie schon fast als schwimmende Zungen bezeichnen könnte. Diese Geschmacksknospen dienen häufig der Nahrungssuche. Sie können geringste Konzentrationen chemischer Stoffe auf große Entfernungen riechen. Einige Fischarten zeigen eine unglaubliche Geruchsleistung: Forellen können noch die zu einer Milliarde verdünnten spezifischen chemischen Stoffe einer Garnele wahrnehmen, während die Sensibilität eines Aals sogar noch für eine nochmalige Verdünnung in dieser Größenordnung ausreicht.

Wie die Säugetiere tragen auch Vögel nur auf ihrer Zunge Geruchsknospen. Sie riechen, indem sie die Luft einatmen. Ein Ölgemisch im Meer kann Hunderte von Eissturmvögeln und Sturmvögeln über viele Kilometer herbeilocken. Kiwis suchen mit Hilfe ihres Geruchssinns nach Nahrung im Waldboden. Erst vor kurzem wurde entdeckt, daß auch Elstern und einige andere Vögel ebenfalls dazu in der Lage sind. Der Truthahngeier riecht frisches Aas auch in dichten Waldregionen kilometerweit. Eisbären wittern eine tote Robbe aus 20 Kilometern Entfernung. Die meisten Säugetiere benutzen ihren Geruchssinn für die Nahrungssuche. Alle aber können das volle Aroma nur mit Hilfe von Geschmacks- und Geruchssinn ausschöpfen. Jeder Mensch

Gegenüberliegende Seite: Springende Lachse. Die Fische finden den Weg zurück an den Ort, an dem sie geschlüpft sind, indem sie dem charakteristischen Geruch ihres Heimatflusses folgen.

weiß, wie stark eine schwere Erkältung den Geschmack von Speisen beeinträchtigt.
Der Geruchssinn funktioniert bei allen Säugetieren (einschließlich des Menschen) gleich: Die Atemluft streicht über schleimhaltiges Gewebe in der Nase. Beim Menschen besteht diese Membran aus ungefähr zehn Millionen spezialisierten Zellen, von der jede winzige Haare trägt. Unterschiedliche Haarpartien sprechen auf jeweils bestimmte Duftstoffe an. Der von uns wahrgenommene Geruch entsteht abhängig davon, welche dieser Härchen erregt werden. Unsere Nasenschleimhaut nimmt eine Fläche von ungefähr vier Quadratzentimetern ein, was, im Vergleich zu der vieler anderer Säugetiere, wenig ist. Die Nasenschleimhaut der meisten katzenartigen Tiere hat eine Fläche von ungefähr 14 Quadratzentimetern. Die eines Hundes kann bis zu 150 Quadratzentimeter betragen. Obwohl unser Geruchssinn lange nicht so leistungsfähig ist wie unsere anderen Sinne, können wir mit seiner Hilfe doch winzige Spuren sehr vieler komplexer Verbindungen identifizieren. Deshalb ist es erstaunlich, daß wir unseren Geruchssinn nur begrenzt einsetzen. Viele Säugetiere lassen sich von diesem Sinn mehr als von jedem anderen leiten. Gerüche spielen in beinahe der gesamten belebten Natur eine bedeutsame Rolle. Meist dienen sie der Nahrungssuche; oft aber auch als wirkungsvolle Abschreckung gegenüber Freßfeinden.

Der Geruch nach Gefahr

Weidetiere, wie Hirsche und Antilopen, unterbrechen ihre Äsung regelmäßig und heben den Kopf, um eine mögliche Gefahr zu wittern. Deshalb nähern sich menschliche Jäger ihrer Beute möglichst gegen den Wind. Entgegen einer weitverbreiteten Ansicht berücksichtigen Raubtiere, wie Löwen und Geparden, die Windrichtung bei ihren Beutezügen nicht. Schon ein Hauch ihres Geruchs läßt eine Herde aufmerken. Diese Reaktion auf Räuber scheint wenigstens teilweise angeboren zu sein. Der Geruch von Löwenkot macht Rothirsche extrem nervös, obwohl die beiden Arten schon seit Tausenden von Jahren zusammenleben.
Auch Unterwassertiere sind auf die Gerüche ihrer Räuber programmiert. Kamm- und Herzmuscheln liegen normalerweise bewegungslos auf dem Meeresgrund und filtern Nahrung aus dem Wasser. Nähert sich jedoch ein Seestern, flattern die Königinkammuscheln mit ihren Schalen und hüpfen davon, während die dornige Herzmuschel ihren Fuß ausstülpt und sich davonschnippt. Die Tiere reagieren auf eine bestimmte, im Seestern vorhandene Chemikalie. Auch wenn ein Fischotter ins Wasser gleitet, wird eine Forelle ihn selbst aus 100 Metern Entfernung bemerken. Das Fell des Otters enthält (wie das aller behaarten Säugetiere) das L-Serin, eine Aminosäure. Fische sind so hochempfindlich für diese Substanz, daß sie sie einemilliardemal verdünnt riechen können.
Anders als Fische können die pflanzenähnlichen Kolonien der marinen Moostierchen vor Gefahren nicht fliehen. Statt dessen lassen sie sich eine Palisade schützender Stacheln wachsen, sobald sie in ihrer Nähe einen Räuber riechen.
Echte Pflanzen können dies nicht. Doch viele erzeugen Gerüche, mit deren Hilfe sie sich vor Gefahr schützen. Einige Pflanzen enthalten chemische Stoffe, die Pyrozine genannt werden. Ihr Geruch warnt weidende Tiere davor, daß diese Pflanzen ungenießbar oder giftig sind und gemieden werden sollten. Über eine solche Technik verfügen auch manche Insekten, wie zum Beispiel Marienkäfer und bestimmte Nacht- und Tagfalterarten. Jene, die nicht von Natur aus über einen chemischen Fraßschutz verfügen, beschaffen sich diese Substanzen, indem sie entweder als Raupen schädliche

Pflanzen oder die Substanzen als ausgewachsene Tiere in flüssiger Form zu sich nehmen. Darüber hinaus signalisieren viele Insekten ihre Ungenießbarkeit mit hellen Rot- und Orangetönen, von denen Freßfeinde abgeschreckt werden.

Manche Mottenarten haben ihre Verteidigung noch weiter verfeinert. Ihr Hinterleib sondert einen pyrozinhaltigen Schaum ab, um Angreifer abzuschrecken. Stinktiere und andere Marder machen sich bei Gefahr eine ähnliche Strategie zunutze. Sie erzeugen blitzschnell eine stark reizende Wolke eines komplexen Chemikaliengemisches, allerdings nicht, um Feinde abzuschrekken, sondern um Artgenossen zu warnen.

Wird jemand in der Nähe ihres Stocks von einer Biene gestochen, findet er sich höchstwahrscheinlich bald von einem ganzen Schwarm umzingelt. Die stechende Biene hat einen Duftstoff abgegeben, der die anderen Bienen alarmiert: Sie sammeln sich prompt zum Angriff. Weiter vom Stock entfernt hat der Betroffene eine gute Chance, mit dem einen Stich davonzukommen, weil dieselben alarmierenden Stoffe die anderen Bienen jetzt zur Rückkehr in ihren Stock veranlassen.

Wer die Rosen in seinem Garten gegen grüne Blattläuse spritzt, erzielt unbewußt eine Nebenwirkung: Die Blattläuse erzeugen einen chemischen Alarmstoff, den sie absondern, wenn sie von Marienkäfern angegriffen werden. Obwohl sie sterben, mobilisiert der Duftstoff andere grüne Blattläuse: Sie lassen sich zu Boden fallen und entkommen so der Giftspritze. Die wilde Kartoffel wiederum vertreibt die grüne Blattlaus, indem sie diesen Duftstoff selbst absondert. Versehentlich haben wir gerade dieses Schutzsystem genetisch eliminiert, als wir die King Edwards und andere heute handelsübliche Kartoffelsorten züchteten.

Es ist wirklich mehr als verblüffend, daß sogar viele Baumarten sich gegen Insektenfraß verteidigen, indem sie solche Gefahrenbotschaften aussenden. Die Bäume in der Umgebung erhöhen daraufhin die Menge an Tannin, einem bitteren Gerbstoff, in ihren Blättern, was sie weniger genießbar macht.

Ein vergleichbares Verhalten eines Säugetiers, der Antilope, erhöht dagegen nur die Überlebenschancen des Individuums. Entdeckt ein Springbock beispielsweise einen jagenden Geparden, springt er hoch und sondert dabei aus den Drüsen auf seinem Rücken alarmierende Signalstoffe ab. Eine Folge mächtiger Sprünge verbreitet die Botschaft in der Herde und löst spontane Flucht aus – ein Schauspiel, das den Räuber irritieren soll. Die Flucht der ganzen Herde ist für das einzelne Tier ein Schutz vor der Isolierung durch den Räuber.

Geraten Impalas in Panik, fliehen sie mit spektakulären Bocksprüngen, während derer sie die Hinterläufe in die Luft werfen. Diese Sprünge erreichen immerhin eine Höhe von mehr als drei Metern. Mit dieser Auskeilbewegung setzen die Drüsen unter ihrem Kötenhaar (Behaarung an den Fesseln) Duftstoffe in die Luft, die nicht nur den Rest des Rudels in Alarmbereitschaft versetzen. Die chemische Botschaft hinterläßt auch eine Art Fährte in der Luft, an der andere Impalas sich orientieren können, ohne ihre Flucht unterbrechen zu müssen.

Nicht nur Antilopen, alle Säugetiere sondern ihre Gerüche mittels spezifischer, über ihren Körper verteilter Drüsen ab.

Rentiere verhalten regelmäßig und wittern dabei, um sich nähernde Räuber, wie zum Beispiel Wölfe, rechtzeitig zu erkennen. Wenn sie fliehen, setzen sie Duftstoffe frei, die den Rest der Herde alarmieren.

Wenn Impalas einen jagenden Löwen entdeckt haben, fliehen sie. Dabei vollführen sie mächtige Sprünge von einer Seite zur anderen und werfen ihre Hinterläufe in die Luft. Während dieser Bocksprünge geben Drüsen an den Fersen der Hinterläufe Duftstoffe in die Luft ab.

Die Geruchsproduzenten

Unser Körper produziert fortwährend chemische Stoffe, die uns zu den »stinkenden« Lebewesen machen, zu denen die Natur uns bestimmt hat. Die stärksten Absonderungen werden von unseren Duftdrüsen produziert, die in der Pubertät aktiv und am Ende der geschlechtsreifen Lebensphase inaktiv werden. Diese Drüsen sind in den behaarten Körperstellen konzentriert. Haare spielen nämlich eine wichtige Rolle bei der Geruchsproduktion. Die Absonderungen der Duftdrüsen werden vom Schweiß verdünnt und dann von Bakterien zersetzt, die gut geschützt im Dschungel der Haare leben. So entstehen die unterschiedlichen Körpergerüche. Die Haare helfen auch dabei, die Gerüche über den Körper zu verbreiten.
Wir verwenden eine große Auswahl an Seifen und Deodorants, um unseren Körper, insbesondere jene Teile, an denen Duftdrüsen sitzen, geruchsfrei zu halten. Darin sind wir einzigartig. Andere Säugetiere tolerieren ihre Gerüche nicht nur, sie genießen sie sogar und nutzen sie in unterschiedlicher Weise. Alle haben viele verschiedene geruchsproduzierende Drüsen an ihrem Körper, deren Positionen von Tierart zu Tierart variieren. In der Mehrheit der Fälle sind sie um die Genital- und Analgegend konzentriert. Bei Hirschen sitzen sie an den Beinen, Schliefer tragen sie auf dem Rücken, Schweine an den Knien. Viele Tiere tragen auch am Kopf starke Drüsen. Bei Katzen befinden sie sich an den Wangen, bei Elefanten vor deren Ohren, und bei Pferden sitzt sogar eine in den Nüstern.
Die Drüsen einiger Säugetiere sind besser entwickelt als unsere eigenen und zu Beuteln oder Taschen erweitert. So können sie ihre Absonderungen besser verbreiten und Geruchsbotschaften für andere Tiere hinterlassen. Die Schabrackenhyäne sondert zwei unterschiedliche Duftstoffe ab: Sie aktiviert einen Drüsenbeutel in der Analgegend und preßt ihn auf das Gras. Die Analdrüse des Capybara, eines großen Nagetiers, enthält einen ganzen Wald leicht herauslösbarer Haare. Jedes von ihnen ist mit einer harten, kristallinen Absonderung bedeckt. Immer wenn ein Capybara etwas berührt, läßt er Haare zurück.
Eine noch wirksamere Methode, die Duftbotschaften zu verbreiten, besteht darin, sie dem Kot beizumengen. Flußpferde schlagen deshalb während des Kotens mit dem Schwanz; weiße Nashörner stampfen in ihren Exkrementen herum und markieren jedes ihrer Trittsiegel mit ihrem Geruch.
Auf welche Weise auch immer ein Tier seine Geruchsbotschaft übermittelt: Sie stellt immer eine Botschaft an andere Tiere dar, meist dient sie der Markierung des Reviers.

Reviermarkierung

Viele Katzenhalter versuchen ebenso energisch wie erfolglos, ihren Kater vom Spritzen abzuhalten. Männliche Katzen bespritzen Möbel und andere Dinge im Haushalt genauso wirkungsvoll wie ihre Verwandten, die Löwen, die Vegetation in ihrer Heimat. Mit ihren Pranken verteilen Löwen den Urin im Gras. Kaninchen, Dachse und Tüpfelhyänen signalisieren ihre Anwesenheit mit Kothaufen. Angehörige dieser Tierarten leben und paaren sich in bestimmten Gebieten, in denen sie auch ihre Jungen aufziehen. Einige gehen sogar innerhalb genau festgelegter Grenzen auf Nahrungssuche und Beutezug. Sie verlassen ihr Territorium nur selten. Die Geruchsmarkierungen helfen ihnen, sich an ihr Revier zu gewöhnen, und geben ihnen ein Gefühl der Sicherheit. Sie dienen aber auch der Besitzmarkierung, besonders gegenüber anderen

Männchen derselben Art. Tiere, die nicht in einem bestimmten Territorium leben, markieren relativ selten. Einige der »Revierbesitzer« dagegen, wie beispielsweise Rotfüchse oder Mungos, markieren relativ flächendeckend ihr gesamtes Gebiet. Kojoten und Kaninchen konzentrieren ihre Reviermarkierungen an der Grenze ihres Territoriums. Durchstreifen diese Tiere ihr Revier, riechen sie sofort, ob ein fremder Artgenosse in ihr Gebiet eingedrungen ist. Auch der Eindringling erkennt sofort, ob ein Gebiet besetzt ist, und kann am Alter der Losung ableiten, wann der Revierinhaber das letzte Mal vorbeigekommen ist.

Auf diese Weise ersparen die Tiere sich kraftraubende Revierkämpfe. Der Eindringling kann den Revierinhaber am Geruch erkennen, der mit dem seiner Markierungen identisch ist: Entweder riskiert er den Kampf, oder er zieht einfach weiter. Die Wirkung dieses Systems wird noch dadurch gesteigert, daß die Tiere ihren Eigengeruch verstärken, indem sie sich selbst intensiv mit ihren Duftstoffen parfümieren. Kuhantilopen reiben die Drüsen in der Nähe ihrer Augen an ihrer Körperseite entlang, während Hirsche ihr Geweih durch Gras streichen, das sie mit Duftstoffen präpariert haben. Gemsen hüllen sich in eine wahre Duftwolke, indem sie sich während des Urinierens schütteln. Zu demselben Zweck schlagen Kamele mit dem Schwanz. Ein Kaninchenrammler bespritzt das Weibchen mit seinem Urin, während er es bespringt. Einige Tiere, etwa das Buschbaby, nutzen den Geruch ihres Urins noch für einen ganz anderen Zweck.

Eine Duftspur legen

Bevor sich das Buschbaby, ein Halbaffe, in die afrikanische Nacht aufmacht, zelebriert es ein merkwürdiges Ritual: Es wölbt seine Hände zu einer Schale und uriniert hinein. Auf diese Weise hinterläßt es auf Schritt und Tritt eine Erinnerungsspur, mit deren Hilfe es seinen Weg mühelos zurückfindet. Plumploris verhalten sich ähnlich: Bei einem Laborversuch folgten sie einer auf dem Boden gelegten Urinspur.

Ratten und Mäuse markieren ihre vielbereisten Routen, indem sie Duftstoffe aus bestimmten Drüsen absondern. Viele Antilopenarten haben Drüsen an ihren Fersen, die überall duftende Wegweiser zurücklassen. Die Meister des Spurenlegens sind jedoch zweifellos die staatenbildenden Insekten.

Wohin auch immer Wanderameisen ziehen, sie lassen eine Spur zurück, auf der andere Gruppenmitglieder folgen können. Wenn sie auf Nahrungssuche gehen, bilden sie eine gewaltige Kolonne, die in strahlenförmiger Formation vom Bau abmarschiert. Die meisten Ameisen legen nur dann eine Spur, wenn sie auch eine Futterquelle gefunden haben. Von der Spitze ihres Hinterleibes sondern sie einen Geruchsstoff ab: entlang der Route von der Nahrungsquelle bis zum Nest. Diese Spur wird von den anderen Ameisen verfolgt und intensiviert, wenn sie mit Futter zurückkehren. Die Geruchsstoffe verflüchtigen sich schnell und müssen deshalb fortwährend erneuert werden. So wird vermieden, daß die Tiere sich auf den Weg zu einer bereits erschöpften Futterquelle machen. Blattschneiderameisen, die ergiebigere Futterquellen nutzen, legen auch dauerhaftere Geruchsspuren. Sie halten oft monatelang.

Einige tropische Bienenarten schicken Kundschafter aus, um neue Futterquellen zu finden. Sind sie erfolgreich, hinterlassen die Kundschafter Duftstoffe auf Pflanzen, die ihre Flugroute säumen. Sie können auch eine Geruchsmarkierung auf einer Blüte hinterlassen, die dann anderen Bienen als Signal dient.

Noch stärker aber verblüffen uns wohl die Fähigkeiten jener Tiere, die über weite Strecken reisen und sich dabei von ihrem Geruchssinn leiten lassen, ohne sich an einer Spur zu orientieren.

Antilopen sind standorttreu. Mit ihren Duftstoffen markieren sie unter anderem ihr Gebiet. Einige dieser Gerüche werden von einer speziellen Drüse direkt unterhalb des Auges erzeugt (ganz unten). Sobald diese Drüse an einem Grashalm gerieben wird (unten), bleibt eine klebrige Markierung zurück (links). Eindringlinge vergleichen diesen Geruch mit dem des Revierinhabers, bevor er sich entscheidet, ob er sie zum Kampf herausfordert.

Der Geruch der Heimat

Lachse legen ihre Eier in das Kiesbett schnell fließender Ströme oder Flüsse. Junge, gerade geschlüpfte Lachse sind matt gefärbt – eine gute Tarnung in ihrer Süßwasserheimat. Nach einem bis drei Jahren jedoch löst wahrscheinlich ein hormonelles Signal einen Farbwechsel aus: Sie nehmen die silberne Tarnfarbe von Meeresfischen an. Jedes Jahr machen Millionen junger Lachse diese dramatische Veränderung durch und ziehen flußabwärts ins offene Meer.
Nach zwei bis drei weiteren Jahren veranlaßt erneut ein Signal die nun ausgewachsenen Lachse, ihre Farbe zu wechseln und zum Laichen ins Süßwasser zurückzukehren.
Das bemerkenswerteste Charakteristikum an dieser Wanderung ist, daß jeder Strom seinen eigenen Lachsbestand hat, der manchmal sichtbare Unterschiede zu den Beständen benachbarter Flüsse aufweist. Die Fische wandern also nicht nur über Hunderte von Kilometern durch den Ozean zurück zu dem Gebiet, in dem sie geschlüpft sind, sondern sie suchen genau den Strom auf, in dem sie aus dem Laich gekrochen sind.
Obwohl die Fische wahrscheinlich Wasserströmungen, die Sonne und/oder eine Magnetsteuerung nutzen, um diese Meisterleistung zu vollbringen, glaubte man lange Zeit, sie würden sich auch mit Hilfe von Gerüchen orientieren. Das Verhältnis der chemischen Duftstoffzusammensetzung in Meer- oder Süßwasser wechselt geringfügig von Gebiet zu Gebiet. Wenn der Lachs sich diese variierenden Zusammensetzungen merken könnte, wäre er vielleicht auch in der Lage, sich von seiner Reiseroute durch Meere und Flüsse eine Art »Geruchs-Landkarte« zu erstellen, die mit Hilfe seiner anderen Sinne ergänzt würde. Offenbar lassen Lachse sich – vor allem auf dem letzten Abschnitt ihrer Reise – wirklich von ihrem Geruchssinn leiten. Nehmen sie den Geruch ihres Heimatstromes in dessen Mündungsgebiet wahr, verlassen sie das offene Meer und folgen dem Flußlauf ins Landesinnere. Sie kämpfen sich reißende Flüsse hinauf und überwinden sogar Stromschnellen, um der Geruchsspur in Richtung des Heimatstandortes zu folgen. An welchen Geruchsstoffen genau die Lachse sich orientieren, um ihre Heimatgewässer zu finden, ist noch unklar. Lachse können ihre Verwandten am Geruch identifizieren, was zeigt, daß jeder Bestand einen genetisch festgelegten Eigengeruch hat. Einige Forscher haben vermutet, daß erwachsene geschlechtsreife Lachse auf der Spur zurückkehren, die von jungen, ins Meer wandernden Lachsen gelegt wurde. Die Reisen der jungen und der erwachsenen Lachse liegen jedoch oftmals mehrere Monate auseinander, und so müßte die Geruchsspur der jungen Lachse schon sehr dauerhaft sein, um als Wegweiser dienen zu können. Andere Forscher halten es für wahrscheinlicher, daß die Fische sich an die chemische Zusammensetzung ihrer Heimatgewässer erinnern und so deren Geruch im offenen Meer wahrnehmen können.
Beweise dafür, daß Lachse sich an ihrem Geruchssinn orientieren, erhielt man bei einem Versuch: Junge Lachse wurden in einem Becken aufgezogen, das geringe Mengen synthetischer Chemikalien enthielt. Später wurden diese Lachse in einem See ausgesetzt. Kurz vor der Laichzeit versetzte man das Wasser einiger einmündender Flüsse mit denselben chemischen Stoffen. Die Lachse folgten nur den chemisch präparierten Flußläufen.
Wie der Geruchssinn das Heimkehrvermögen vieler Fische unterstützt, leitet er auch viele Amphibien zu ihren Teichen. Schildkröten finden mit seiner Hilfe ihre Niststrände. Es ist sogar möglich, daß die legendärsten aller Tierwanderungen – die der Vögel – von den Gerüchen ihrer Heimat bestimmt werden. Von Sturmtauchern und Sturmvögeln weiß man, daß sie den Weg zu ihren Nestern aufgrund ihres Geruchssinns finden. Diese

Vögel haben besonders große Nasenlöcher; im Vergleich zu anderen Vögeln ist ihr Geruchssinn also offenbar sehr ausgeprägt. Auch verströmen ihre Nester einen intensiven fauligen Geruch. Lange nahm man an, daß andere Vögel sich bei der Orientierung auf andere Sinnesleistungen verlassen. Bis man entdeckte, daß beispielsweise Tauben und Mauersegler deutlich desorientiert reagieren, wenn ihr Geruchssinn behindert wird. Diese Entdeckung führte zu einer Reihe von Spekulationen darüber, welchen Geruchsstoffen diese Vögel wohl folgen. Einige Wissenschaftler glauben, daß Tauben und Mauersegler, aber auch die Sturmtaucher die Richtung auf ihre Heimat am Geruch identifizieren, obwohl sie ihn nur über kurze Strecken wahrnehmen können. Andere dagegen nehmen an, daß die Vögel sich über längere Distanzen nach ihrem Geruchssinn richten, wobei sie sich die Gerüche der in ihrer Heimat vorherrschenden Winde merken. Um dieser Frage auf den Grund zu gehen, wurden Tauben in einem Schlag gehalten, in dessen Einzugsbereich dem Südwind das Aroma von Olivenöl, dem Nordwind Terpentin zugesetzt wurde. Dann teilte man die Tauben in zwei Gruppen auf. Den Tieren der einen Gruppe wurden die Schnäbel mit Olivenöl und denen der anderen mit Terpentin bestrichen. Als man sie fliegen ließ, zeigte sich, daß die Tauben die mit den verschiedenen Kompaßpeilungen verbundenen Gerüche »erlernt« hatten. Sie nahmen offenbar an, in die Richtung ihrer Geruchskonditionierung versetzt worden zu sein. In dem Bestreben, zum Schlag zurückzukehren, flogen die mit dem Olivenöl an den Schnäbeln nach Norden, die mit dem Terpentin dagegen nach Süden.

Wie auch viele andere Experimente zur Bedeutung des Geruchssinnes beim Vogelzug wurden diese Versuche in Italien durchgeführt. In anderen Regionen der Welt sprachen Vögel unterschiedlich auf diese oder ähnliche Versuche an. Eine Ursache dafür ist womöglich, daß Vögel in Italien die Merkmale für ihre Geruchsorientierung als besonders zuverlässig erfahren hatten, in anderen Ländern dagegen auch andere Wegweiser adaptiert werden. Die Geruchsstoffe des Meeres könnten dabei beispielsweise eine Rolle gespielt haben. Vielleicht verlassen sich Vögel, die nahe der Küste leben, vorzugsweise auf ihren Geruchssinn.

Wie auch immer: Vögel und viele andere Tiere orientieren sich ganz offenbar mit Hilfe ihres Geruchssinnes. Zwar nehmen auch wir Menschen in unterschiedlichen Regionen – etwa auf Reisen – eine Vielfalt unterschiedlicher Gerüche wahr. Allerdings benutzen wir sie nur äußerst selten, um uns daran zu orientieren. Wir könnten nicht einmal die Fährte eines menschlichen Artgenossen riechen, geschweige denn, ihr folgen. Aber wir haben ein Tier gezüchtet, das darin kaum zu übertreffen ist.

Der Spürhund

Jeder Mensch verliert pro Tag 50 Millionen Hautzellen, die mit der vom Körper erwärmten Luft aufsteigen, dann zu Boden fallen und wie bei einer Schnitzeljagd eine – allerdings mikroskopisch kleine – Spur legen. Wir können diese schwachen chemischen Spuren nicht wahrnehmen, einen Bluthund dagegen führen sie sicher zum Ziel. Über Jahrhunderte war dieser englische Jagdhund einer Zuchtauswahl unterworfen, die zu diesem Höchstmaß an Riechvermögen geführt hat.

Seine lange Wamme – eine von der Kehle bis zur Brust herabhängende Hautfalte – und seine Schlappohren helfen ihm, Geruchsstoffe regelrecht aufzusammeln, während seine Nase über den Boden gleitet. In der langen, gewölbten Nase sitzt eine geruchsrezeptive Membran, die über aufgerolle Knochenschnekken führt. Diese Membran be-

Üppige natürliche Vegetation

»Der Duft der großen weiten Welt«:
Die Kanäle Venedigs stinken nach Abwasser.

Beißende Wolken steigen aus einem aktiven Vulkan.

Der Canal Grande – Süß- und Salzwasse fließen hier zusammen.

Navigation nach Gerüchen

Am Markusplatz in Venedig zu Hause

Der Wind transportiert die Gerüche der See – vielleicht die stärkste Orientierungshilfe von allen.

In Italien haben Experimente gezeigt, daß Tauben mit Hilfe des Geruchs navigieren. Die Vögel haben vermutlich gelernt, ihr Heimatgebiet mit bestimmten Gerüchen zu assoziieren. Gerüche können auch aus vielen Meilen entfernten Richtungen vom Wind in die Heimatgebiete getragen werden. Man glaubt, daß Vögel erkennen, welche entfernten Gerüche mit einer bestimmten Windrichtung verbunden sind. Sind die Vögel von ihren Heimatgebieten entfernt, nutzen sie die Veränderung der Geruchsintensität als Orientierungshilfe für den Flug in Richtung Heimat. Der spezielle Geruch des Heimatstandortes ist ein zuverlässiger Führer.

deckt ungefähr 150 Quadratzentimeter, im Vergleich zu vier Quadratzentimetern in der Nase des Menschen. Seine besondere Fähigkeit liegt darin, menschliche Gerüche aufzunehmen. Für sie ist er ungefähr millionenmal empfänglicher als wir selbst. Die Gerüche einer frischen menschlichen Spur wirken auf ihn so stark, daß er sie nicht in einer bestimmten Richtung verfolgen kann. Nach etwa einer halben Stunde haben sich jedoch einige Geruchsstoffe verflüchtigt. Dann kann der Hund einen Geruchsgradienten wahrnehmen und auf die Spur angesetzt werden. Andere Hinweise, wie zum Beispiel der Geruch niedergedrückter Pflanzen, helfen dem Bluthund ebenfalls bei der Spurensuche. Ein Bluthund kann die Spuren verschiedener Menschen unterscheiden. Auch wenn ein naher Verwandter die Spur immer wieder kreuzt, folgt der Hund unbeirrbar der Spur, die er einmal aufgenommen hat. Der Geruch jedes Menschen – und jedes anderen Säugetieres – ist so individuell wie ein Fingerabdruck.

Gerüche der Persönlichkeit

Auch der sauberste Körper ist noch Lebensraum für Millionen von Bakterien, die die Absonderungen der Drüsen in Körpergeruch umwandeln. Dieses »Aroma« ist teilweise ererbt. Daher kann der Bluthund gelegentlich von den sich wiederholt kreuzenden Spuren eineiiger Zwillinge irregeleitet werden. Auch wenn Menschen über längere Zeiträume regelmäßig die gleichen Lebensmittel zu sich nehmen und deshalb ähnliche Ausdünstungen verbreiten, bleibt er davon nicht unbeeinflußt. Enge Verwandte, noch dazu mit ähnlichen Eßgewohnheiten, strömen also sehr ähnliche Gerüche aus. Nicht miteinander verwandte Menschen dagegen mit individuellen Eßgewohnheiten riechen so unterschiedlich, daß sogar wir ihre Gerüche auseinanderhalten können. Anläßlich eines Experiments sollten Versuchspersonen am Geruch von drei gleich aussehenden T-Shirts erkennen, welches sie selbst getragen hatten. Drei von vieren fanden das richtige T-Shirt heraus, konnten also ihren eigenen Körpergeruch erkennen. Als die Probanden sich zwischen zehn T-Shirts entscheiden mußten, waren noch immer mehr als die Hälfte in der Lage, ihr eigenes zu identifizieren.

In ähnlichen Experimenten konnten Mütter die von ihren Kindern getragenen T-Shirts herausfinden. Meist adaptieren Mütter den Geruch ihrer Säuglinge recht schnell und können schon wenige Tage nach der Geburt ihre Babys allein am Geruch erkennen. Eine Mutter, die sofort nach der Entbindung Kontakt zu ihrem Baby hat, ist dazu aber wohl eher in der Lage als eine Mutter, der ihr Baby erst Stunden nach der Geburt gegeben wird. Für viele Säugetiere ist die Geruchsverbindung, die während der ersten Stunden nach der Geburt aufgebaut wird, prägend für die Zukunft. Eine junge Kuhantilope etwa kann beinahe sofort nach ihrer Geburt laufen. Sie muß mit den anderen Kuhantilopen Schritt halten können, wenn die Herde vor einem Räuber flieht. Bei einer panikartigen Flucht wird das Jungtier jedoch manchmal von seiner Mutter getrennt. Geschieht dies, bevor die Geruchsverbindung aufgebaut wurde, erkennt das Muttertier sein Junges nicht wieder und wird es zurückweisen, sobald das Junge Kontakt sucht. Der Einfluß der Geruchsverbindung wird von Farmern genutzt, um verwaiste Tiere oder verstoßene Lämmer aufzuziehen. Ein Mutterschaf, das sein eigenes Lamm verloren hat, wird ein anderes Lamm adoptieren, wenn der Farmer das verwaiste Junge zuvor in das Fell des toten Lammes gewickelt hat. Der Geruchssinn eines Säuglings entwickelt sich stufenweise.

Nach zehn Tagen kann er die Brust seiner Mutter am Geruch erkennen. Die Jungen vieler Säu-

getiere, beispielsweise junge Kaninchen und Katzen, können sogar »ihre« jeweilige Zitze am Geruch identifizieren. Ohne diese Fähigkeit gäbe es in den großen Würfen dieser sehr fruchtbaren Arten ein heilloses und kraftraubendes Gedränge am Gesäuge des Muttertiers.
Der enge Körperkontakt zwischen einer Mutter und ihrem Kind sorgt dafür, daß sich im Laufe der Zeit beide Gerüche einander angleichen. In Tests mit Kleidungsstücken, wie den obengenannten, konnten Menschen, die nicht miteinander verwandt waren, diese Geruchsähnlichkeit herausfinden und den Geruch der Baby-Kleidung dem seiner Mutter zuordnen. In der Tierwelt ist dies ein ganz übliches Verständigungsmittel, dessen Wirkung verstärkt wird, indem durch häufigen Körperkontakt die individuellen Gerüche vermischt werden. So entsteht ein Gruppengeruch, an dem die Tiere sich erkennen. Wenn eine Katze ihren Kopf am Bein ihres Besitzers reibt, geschieht dies nicht nur aus Zutrauen und Zärtlichkeitsbedürfnis. Die Drüsen in ihrem Gesicht geben den »persönlichen« Geruch der Katze an den Menschen weiter. Er riecht dann »besser«, nämlich familiärer. Auch Löwen reiben regelmäßig ihre Köpfe aneinander und vermischen so ihre individuellen Gerüche, um einen »Rudelduft« zu erzeugen. Das gemeinsame Sandbad der Känguruhratten erfüllt denselben Zweck. Mungos haben diese Wirkung noch intensiviert. Die Tiere einer Gruppe reiben ihre Analdrüsen auf einem bestimmten Markierungspunkt. So verbreiten sich geruchsbildende Bakterien von einem Tier auf das andere. Da auch alle Mitglieder einer Gruppe die gleiche Nahrung zu sich nehmen, erzeugen diese Verhaltensweisen einen gemeinsamen Geruch von Identität. Gruppengerüche erleichtern es, den Zusammenhalt zu gewährleisten und Eindringlinge rechtzeitig zu entdecken. Staatenbildende Insekten, deren Baue jeweils einen ganz spezifischen Geruch haben, haben auch die Geruchsidentifikation am höchsten entwickelt. Jedes sich nähernde »falsch riechende« Insekt wird augenblicklich angegriffen. Aber nicht nur das: Der Geruch des Baus – eine Art Sicherheitscode – wird täglich geändert. Jede Arbeiterin, die dem Bau länger als einen Tag ferngeblieben ist, hat ihren »geruchlichen Identifikationsstempel« verloren und wird getötet.
Obwohl Gruppengerüche die individuelle Signatur verwischen, wird sie niemals gänzlich überdeckt. Dies gilt selbstverständlich im besonderen Maße für die geschlechtsspezifischen Geruchsmerkmale von Männchen und Weibchen. Oft strömen die Tiere so kräftige Sexualgerüche aus, daß sie einander über Kilometer hinweg identifizieren können.

Sexuelle Lockstoffe

Durch bloßes Wittern kann ein Hund die sexuelle Bereitschaft jeder Hündin in seiner Nachbarschaft feststellen und dem Botenstoff folgen, bis er die läufige Hündin gefunden hat. Füchse finden auf diese Art und Weise die paarungsbereite Fähe.
Da die Fähe nur einige Tage läufig ist und die Fuchsrüden oft weit verstreut leben, sind solche sexuellen Lockstoffe unverzichtbar für das Überleben der Art.
Die Botschaften einiger Insekten reichen noch erheblich weiter. Das Weibchen des kleinen Nachtpfauenauges »pustet« seine Sexualdüfte aus dem Hinterleib. Sie werden in einem sich erweiternden Duftkegel mit dem Wind davongetragen. Obwohl der Duftstoff sich schnell mit der Luft vermischt, sind die Fühler des Männchens dafür so empfindlich, daß es das Weibchen noch aus fast fünf Kilometer Entfernung ausmachen kann. Die Fühler sind in Federn geteilt, auf denen winzige Härchen sitzen. Mit ihnen nimmt es die Duftmoleküle des Weibchens auf: Die Poren an den Haaren filtern die Duftmoleküle mit der richtigen

Wenn Löwen ihre Köpfe aneinanderreiben, übertragen sie ihren individuellen Geruch auf andere Rudelmitglieder. So entsteht ein Gruppengeruch, der den Zusammenhalt festigt und Eindringlinge leichter erkennen läßt.

Größe heraus. Sobald auch nur ein einziges Duftmolekül des Weibchens identifiziert ist, fliegt das Männchen gegen den Wind in Richtung des Weibchens. Verliert es die Spur, kehrt es um und fliegt quer zum Wind, bis es den Duft des Weibchens wieder auffängt.

Bei einigen Nachtfaltern sondert das Männchen das Duftsignal ab, und das Weibchen reagiert darauf. Sogar beide Geschlechter des nachtaktiven Schmetterlings Estigmene acrea senden Lockstoffe aus. Auf diese Weise finden sich große »Balzgemeinschaften« zusammen, aus denen die Weibchen die Männchen auswählen, die sie bevorzugen. Männliche Nachtfalter der Art Heliothis zea haben es da leichter. Das Männchen, das das Weibchen als erstes erreicht, verströmt einen Geruch, der Konkurrenten als eine Art Störungssignal blockiert. Eine orientalische Wicklerart, Cydia molesta, ebenfalls ein Nachtfalter, verfolgt eine andere wirkungsvolle Strategie. Das Männchen simuliert den Geruch des Weibchens und sondert ihn ab, sobald das Weibchen eintrifft. Auf diese Weise werden ankommende Mottenmännchen von den sich überlagernden Gerüchen beider Geschlechter stark irritiert. Ergebnis: Wer zuerst kommt, setzt sich durch. Einige Reptilien setzen eine noch raffiniertere Taktik ein. Die Weibchen der nordamerikanischen Strumpfbandnatter locken mit ihrem Geruch oft so viele Freier an, daß die Männchen ein sich wild windendes Knäuel bilden.

Einige der Männchen simulieren dann den Geruch des Weibchens. Diese »parfümierten Transvestiten« irritieren ihre männlichen Rivalen und schleichen sich dann zurück, um sich mit den Weibchen zu paaren. Doch damit nicht genug: Das erfolgreiche Männchen setzt dem begatteten Weibchen einen chemischen Pfropfen, der andere Männchen nicht nur daran hindert, sich mit ihm zu paaren, sondern jedes Männchen, das im wahrsten Sinne des Wortes in den Dunstkreis des Weibchens gerät, tagelang impotent macht. Andere Tiere finden ihre Partner, indem sie kräftige Aphrodisiaka produzieren. Wenn das Männchen der Monarchfalterart Danaus gilippus im Werbungsflug umherschwebt, erscheint an der Spitze seines Hinterleibes eine feine Bürste, aus der es das Weibchen mit parfümierten Schuppen bestäubt. Dieser Staub hat eine magische Wirkung auf das Weibchen. Es kann dem Duft nicht widerstehen. Dieses Aphrodisiakum enthält einen Stoff, den der Schmetterling nicht selbst erzeugen kann. Das Männchen muß für die Herstellung seines Parfüms den Hauptbestandteil einer bestimmten verwelkten Blume sammeln. Auch viele Nachtfalter benutzen Aphrodisiaka und haben Organe entwickelt, wie beispielsweise Haare, Bürsten und große, aufblasbare Säcke, um ihre exotischen Gerüche ausströmen zu können. Der orientalische Falter Cydia molesta setzt seinen Duft von weißen, bürstenähnlichen Haaren auf der Oberfläche seines Hinterleibes frei und fächelt den Duft dann dem Weibchen zu.

Der Streifensalamander bedient sich einer äußerst groben Annäherungsmethode: Mit ihren vampirähnlichen Zähnen injizieren sie ein Gift direkt in den Blutkreislauf des Weibchens und immobilisieren es damit sofort. Der Wassermolch winkt dem Weibchen mit seinem Schwanz und schwenkt ihn dann provozierend. Dabei produziert er kleine Wellen im Wasser, die dem Weibchen das Aphrodisiakum zutragen. Ist er erfolgreich, so überreicht er dem Weibchen eine Packung Sperma, die das Männchen in seiner Kloake sammelt.

Unter Säugetieren ist der Geruch der weiblichen Vagina häufig das wirksamste Aphrodisiakum. Hamster versuchen sich mit allem zu paaren, was mit diesem Duftstoff bestrichen ist. Der Gorilla beschnüffelt immer zuerst die Vagina, bevor er sich mit dem Weibchen zu paaren versucht. Am Vaginalgeruch – wie auch am Urin des Weibchens – erkennt das Männchen, ob das Weibchen brünstig ist. Rothirsche schnüffeln regelmäßig am

Urin der Hirschkühe, sonst würden sie den einzigen Tag, an dem diese brünstig werden, verpassen. Das männliche Kamel trinkt den Urin des Weibchens und läßt ihn zuvor wie ein Weinkoster in seinem Maul kreisen, um die Paarungsbereitschaft der Stute festzustellen.
Eine höchst dramatische Wirkung lösen Duftstoffe aus, die den sexuellen Zustand einzelner Tiere manipulieren. Dies gilt in besonderem Maß für gesellig lebende Arten.

Gruppensex

Die Bauten staatenbildender Insekten sind von unterschiedlichsten Duftstoffen erfüllt, weil sie in diesen engen Gemeinschaften die wirksamste Methode der Nachrichtenübermittlung sind. Während Termiten ihre Kolonie bilden, wird in jedes Schlammkügelchen ein individueller Duftstoff gesetzt, der die anderen Termiten zu dieser Stelle führt. Im Kontrollzentrum sitzt im Normalfall nur eine Königin, deren Duft den gesamten Bau durchdringt. Ihre Geruchsbotschaften regen die Arbeiterinnen an, sie zu pflegen und zu füttern, hindern diese aber daran, selbst Eierstöcke zu entwickeln. Stirbt eine Königin oder verläßt sie den Bau, merken die Arbeiterinnen das sofort, produzieren nun selbst Eier und beginnen, Zellen für die neue Königin zu bauen. Die Termitenkönigin strömt sogar einen Leitgeruch aus, der die genauen Dimensionen der Königin-Kammer festlegt. Werden bei einem Angriff viele Termitensoldaten getötet, geht auch die Konzentration ihres Geruchs zurück. Junge Weibchen entwickeln sich daraufhin nicht zu Arbeiterinnen, sondern zu Soldaten.
In den ausgedörrten und unfruchtbaren Gebieten Ostafrikas leben bizarre Säugetiere. Sie bilden Gruppen, die ähnlich organisiert sind wie die staatenbildenden Insekten. Diese Nacktmulle, runzlige, unbehaarte Nager, leben in unterirdischen Gemeinschaften von ungefähr 50 Einzeltieren. Die kleinsten leisten den größten Teil der Arbeit: Sie graben die Gänge oder gehen auf Futtersuche.
Auch mittelgroße Tiere übernehmen gelegentlich einige dieser Aufgaben. Die größten Exemplare sind ausschließlich damit beschäftigt, die Jungen zu versorgen. Eine solche Kolonie wird von einer einzigen Königin regiert, die ebenfalls den sexuellen Zustand der Gemeinschaft mittels ihrer Geruchsbotschaften kontrolliert. Alle Mulle benutzen eine gemeinsame Toilette. Sie entnehmen die Duftbotschaften den Exkrementen.
Obwohl sie weniger straff organisiert sind, werden auch andere Nagetier-Gemeinschaften stark durch Sexualgerüche gesteuert. Der Geruch männlicher Lemminge markiert ihren Platz in der Rangordnung. Nach einem Rangordnungskampf kann diese Geruchsbotschaft sich verändern. Die Weibchen können den Erfolg des Männchens buchstäblich riechen und werden sich nur mit einem aussichtsreichen Rivalen paaren. Unter Mäusen kann schon der kleinste Hauch eines männlichen Dufts weitreichende Folgen haben. Die Fortpflanzungshormone eines Weibchens werden sofort aktiviert, und innerhalb von 20 Minuten beginnt ihre Gebärmutter anzuschwellen. Ist das Weibchen bereits trächtig und nimmt den Sexualgeruch eines fremden Männchens auf, werden die Embryos entweder von seinem Organismus resorbiert oder zu früh geboren. Nicht ausgewachsene Weibchen werden unter dem Einfluß männlicher Sexualduftstoffe 20 Tage früher geschlechtsreif, als es der Fall wäre, wenn sie isoliert von den Mäusemännchen aufgezogen würden. Die Pubertät junger Männchen verzögert sich in Gegenwart geschlechtsreifer männlicher Artgenossen. Auf diese Art kann ein dominierendes Männchen – allein durch seinen Geruch den sexuellen Zustand der gesamten Gemeinschaft zu seinem Vorteil verändern.
Diese Fähigkeit ist auch unter an-

Die Geruchsdrüsen des männlichen Bärenspinners (links), eines Nachtfalters, erzeugen ein äußerst wirksames Aphrodisiakum, um ein Weibchen anzulocken.
Das kleine Nachtpfauenauge (unten) benutzt eine ähnliche Strategie. Es hat gefederte Fühler, die auf den Geruch des Weibchens eingestellt sind.

Wenn Termiten ihren Erdhügel bauen, sondern sie einen Geruch ab, der die anderen Arbeiter leitet. Der spezifische Geruch der Termitenkönigin (ganz oben rechts) steuert die gesamte Kolonie. Die Balance zwischen den verschiedenen Kasten der Termiten wird durch den jeweils charakteristischen Geruch gesichert: Wenn etwa viele der größeren Soldaten getötet werden, löst ihr schwächer werdender Geruch eine Entwicklungsänderung aus (unten rechts). Junge Termiten, die sonst Arbeiter geworden wären, entwickeln sich zu Soldaten.

deren Säugetieren verbreitet. Der Geruch eines Männchens beeinflußt die Geschlechtszyklen weiblicher Schafe, Ziegen, Nutrias und die einiger Affenarten. Sexualaromen beeinflussen offenbar selbst die Zyklen jener Säugetierart, die alles tut, um ihre Gerüche zu unterbinden: die des Menschen.

Frauen, die in größeren Gemeinschaften leben, etwa in einem Studentenwohnheim, stellen oft fest, daß dies ihre Periode synchronisiert. Experimente haben gezeigt, daß diese Anpassung von Gerüchen gesteuert wird. Man hat mit der Essenz der Achselhöhlensekrete einer Frau die Oberlippe anderer Frauen bestrichen, die die Quelle der Abstriche nicht kannten – was vielleicht zu ihrer Bereitschaft, an dem Experiment teilzunehmen, erheblich beigetragen hat. Diese Prozedur wurde über drei Monate täglich wiederholt. In diesem Zeitraum hatten sich die Zyklen der Empfängerinnen dem Rhythmus der Spenderinnen angepaßt.

In einem ähnlichen Experiment fand man heraus, daß der Geruch eines Mannes die Länge des weiblichen Zyklus beeinflussen kann. Das erklärt wahrscheinlich, warum sexuell aktive Frauen meist einen normalen und regelmäßigen Zyklus haben, der nahe der Durchschnittsdauer von 29,5 Tagen liegt.

Das interessanteste Ergebnis dieses Tests war, daß nicht eine der Empfängerinnen den Geruch der Abstriche bemerkt und ihn identifiziert hat. Wenn Gerüche bereits auf unbewußter Ebene so wirksam sind, liegt die Vermutung nahe, daß unser Leben auch sonst von menschlichen Ausdünstungen beeinflußt wird.

Die Macht des menschlichen Geruchs

Napoleon schrieb Josephine vom Schlachtfeld: »Ne te lave pas, je reviendrai.« Die Bitte an seine Frau, sich nicht zu waschen, weil er kommen würde, spiegelt ein gänzlich anderes Verhältnis seiner Zeit zu menschlichen Gerüchen wider, als wir es aus unserem aseptischen 20. Jahrhundert kennen. Tatsächlich wurde Körpergeruch bis ins späte 19. Jahrhundert nicht als unangenehm oder als Zeichen sozial schwacher Stellung angesehen.

Berühmte Kurtisanen trieben schwungvollen Handel mit Taschentüchern, die mit ihren Körpersekreten parfümiert waren.

Das mögen wir heute vielleicht kaum glauben, aber unser Verhalten wäre ihnen ähnlich merkwürdig vorgekommen. Von Hygienehysterie besessen, versuchen wir jede Spur eines menschlichen Geruchs abzuwaschen – und legen dann Parfüms auf, die Sexualgerüche von Tieren enthalten.

Die teuren Parfüms auf dem Markt enthalten Tiersekrete wie zum Beispiel Moschus von den Bauchdrüsen des himalajischen Moschusochsen, Castoreum, ein Sekret von der Analdrüse des Bibers, und Zibet, ein von den Analsäcken der afrikanischen Zibetkatze gewonnenes Sekret.

Viele der billigeren Parfüms enthalten synthetische Formen dieser Duftstoffe. Um diesem absurden Treiben die Krone aufzusetzen, ist der wirksamste Bestandteil des teuersten Parfüms der Welt eine Absonderung, die unser eigener Körper von Natur aus herstellt: Es sind das Androstenol und das Androsteron. Beide Geruchsstoffe gibt es im menschlichen Speichel und in dem von Schweinen. Sie sind ein starkes Aphrodisiakum für Schweine.

Mit synthetischen Imitationen dieser Stoffe werden Säue vor einer künstlichen Befruchtung bespritzt, damit sie empfängnisbereit werden. Mit einer Reihe von Tests wollten Wissenschaftler nun herausfinden, ob diese chemischen Stoffe auf Menschen eine vergleichbare Wirkung ausüben.

Männer sollten Fotos von Frauen betrachten, von denen einige mit Androstenol besprüht worden waren. Die Frauen auf den präparierten Bildern wurden eindeutig als attraktiver bewertet.

Auch die Substanz Androsteron erwies sich als erstaunlich wirk-

sam: Im Wartezimmer eines Zahnarztes war ein Stuhl mit diesem Sekret besprüht worden, der daraufhin prompt signifikant stärker von Frauen bevorzugt wurde. Bei einem Kuß tauschen Menschen mit ihrem Speichel nicht nur diese Sekrete aus, sondern auch Talg, der von den Drüsen um die Mundpartie produziert wird. Einige Forscher glauben, daß auch dieser Talg die sexuelle Anziehungskraft zwischen Männern und Frauen verstärkt.
Alle diese Tests müssen jedoch mit Skepsis betrachtet werden. Die Wirkung menschlicher Sexualgerüche festzustellen ist schwierig, weil man nie genau weiß, inwieweit menschliche Verhaltensweisen vom Bewußtsein gesteuert werden, das die unbewußten Einflußfaktoren schwächen oder ganz aufheben kann. Deshalb ist unser ohnehin komplizierteres Sexualverhalten auch schwieriger zu durchschauen als das der Tiere. Auch die Bedingungen, unter denen derartige Untersuchungen durchgeführt werden, erleichtern den Wissenschaftlern nicht gerade die Arbeit.
Als Kopuline bekannte vaginale Aromen üben auf viele Säugetiere einen starken Einfluß aus, insbesondere dann, wenn sie die Paarungsbereitschaft des Weibchens signalisieren. Als Männer jedoch aufgefordert wurden, an vaginalen Abstrichen zu riechen, die zu unterschiedlichen Zeiten des Monatszyklus genommen waren, ordneten sie die aus der Zeit des Eisprungs als am wenigsten stimulierend ein. Andere Säugetiere reagieren jedoch genau entgegengesetzt: Sie werden gerade von diesen Sexualstoffen besonders erregt.
Es ist nicht auszuschließen, daß die relativ schwache sexuelle Reizung durch Sexualdüfte beim Menschen eine Art Zivilisationsschaden ist.
Beobachtungen an anderen Tieren legen die Vermutung nahe, daß auch Menschen unter natürlichen Bedingungen stärker auf Gerüche reagieren würden.

ZEITGEFÜHL

Seit seiner Entstehung hat sich unser Sonnensystem fast zwanzigmal um die Milchstraße bewegt. Doch während der zwei Millionen Jahre, in denen Menschen die Erde bevölkern, hat es erst einen winzigen Bogen auf dieser Route beschrieben. Die unermeßlichen kosmischen Bewegungen sind für uns sinnlich nicht erfaßbar, weil sich unser Zeitgefühl in gänzlich anderen Dimensionen bewegt.
Schon zur Zeit der griechischen Antike hat sich beispielsweise der Philosoph Aristoteles mit Himmelsbewegungen und -zyklen beschäftigt. Die tägliche Umdrehung der Erde, die annährend einen Monat dauernde Bahn des Mondes und die ein Jahr lange Reise der Erde um die Sonne wurden zur Messung des Zeitflusses genutzt. Instrumente wie die Sonnenuhr wurden entwickelt, um der Zeit eine Maßeinheit zu geben. Die rhythmischen Bewegungen der Himmelskörper werden aufgezeichnet und in Kalendern vorhergesagt.
Menschen haben eine Lebenserwartung von 60 bis 70 Jahren, der älteste Baum, eine Grannenkiefer in Nevada, war schätzungsweise 5100 Jahre alt, bevor er starb, eine Fliege lebt oft nur einige Tage. Trotz der so gewaltigen Unterschiede der Lebensdauer wird das Zeitgefühl aller Tiere vom Einfluß des Sonnenzyklus gesteuert.
In unserer zunehmend von künstlichen Faktoren bestimmten Zeit sind wir uns aber der natürlichen Zyklen, die unser eigentliches Zeitgefühl bestimmen, weit weniger bewußt. Wir verlassen uns statt dessen auf mechanische oder elektronische Uhren. Unabhängig davon haben wir aber eben auch ein natürliches Zeitgefühl. Wir wachen und schlafen dem Zyklus der Sonne entsprechend, und die Forschung zeigt, daß Himmelsryhthmen noch viele andere Bereiche unseres Lebens beeinflussen.

Der Sonnenzyklus

In ihren Anfängen war die Erde nur von einer dünnen Atmosphäre umhüllt, die vor sengender Sonne oder großer Kälte wenig schützen konnte. Nur wenige Tiere und Pflanzen hätten bei so extremen Temperaturen existieren können. Die Überlebensstrategie der ersten Lebewesen bestand darin, nur an bestimmten Abschnitten des Tages aktiv zu sein. Dafür benötigten sie eine auf den Sonnenzyklus eingestellte innere Uhr, deren Rhythmus auf ungefähr 24 Stunden eingestellt war und ist.
In der erdgeschichtlichen Neuzeit ist der Luftmantel der Erde erheblich dicker. Tagsüber filtert er das Sonnenlicht, nachts speichert er Wärme. Jede Zelle eines biologischen Organismus wird vom Rhythmus von Licht und Sonne gesteuert. Jeder, der einmal einen Hund oder eine Katze gehalten hat, weiß, wie präzise dieser Rhythmus funktioniert. Sein Tier wird ihn schnell daran erinnern, daß die Futterzeit (oder ein Spaziergang) überfällig ist.
Jedes Lebewesen hat sich dahingehend entwickelt, daß seine Körperfunktionen auf einen bestimmten Abschnitt des Sonnenzyklus optimal eingestellt sind. Die Aktivitäten einiger Tiere sind fast ausschließlich auf solche Tagesabschnitte reduziert. In vielen Regionen der Erde können beispielsweise nur tagaktive Reptilien leben, weil diese Tiere ihre Körpertemperatur nur in gerin-

Gegenüberliegende Seite: Die Sonne über Stonehenge, einem neolithischen Kalender

gem Maße steuern können.
Ohne Sonneneinstrahlung werden sie lethargisch. Zwar sind Warmblüter davon unabhängig, dennoch meiden sie meist extreme Temperaturunterschiede.
Der tägliche Sonnenzyklus bringt nicht nur Temperaturschwankungen, sondern auch Veränderungen der Luftfeuchtigkeit und der Lichtverhältnisse mit sich. In der Sonne verdunstet die Feuchtigkeit, die für Amphibien, wie beispielsweise Frösche, Kröten und Wassermolche, überlebenswichtig ist. Viele verbergen sich deshalb tagsüber und gehen während der feuchteren Nachtstunden auf Nahrungssuche.
Eine beträchtliche Bedeutung hat das Sonnenlicht für Pflanzen, die ihren »Kraftstoff« Glukose aus der Photosynthese beziehen.
Auch viele Tiere nutzen die hellen Tagesstunden, besonders natürlich diejenigen mit scharfem Sehvermögen.
Der Hochgeschwindigkeitsflug vieler Vögel verlangt gute Sichtbedingungen, und deshalb sind die meisten von ihnen tagaktiv.
Tiere, die dagegen stärker auf andere Sinne angewiesen sind, können scharfsichtigen Räubern entgehen, wenn sie im Schutz der nächtlichen Dunkelheit aktiv sind. Manche Tiere leben nach einem Kompromiß: Sie sind im Morgengrauen und in der Dämmerung aktiv, wenn das diffuse Zwielicht ihnen hilft, sich vor Feinden zu verbergen.
Vor allem aber sichert das Agieren in unterschiedlichen Zeitzonen, daß die natürlichen Lebensräume optimal genutzt werden.
Leben existiert in allen Winkeln der Natur, von den Bergspitzen bis zum Grund der Ozeane. Und in jedem Lebensraum machen Tiere mit ähnlichem Bauplan sich möglichst wenig Konkurrenz, weil sie zu unterschiedlichen Tages- und Nachtzeiten unterwegs sind. Die meisten Motten sind nachtaktiv, während ihre Verwandten, die Tagfalter, das Sonnenlicht nutzen. Einige Tiere haben diese »Schichtarbeit« in hohem Maße perfektioniert. Es gibt fünf Arten von Wanderameisen der Gattung Dorylus, die in derselben Region Afrikas leben. Alle bewegen sich auf der Futtersuche in gewaltigen Kolonnen voran. Doch jede Art ist während einer anderen Tages- oder Nachtzeit aktiv. So teilen sie sich das Nahrungsangebot nicht nach räumlichen, sondern nach zeitlichen Kriterien.

Wie die Uhr gestellt wird

Obwohl wir oft versuchen, ihn darüber hinwegzutäuschen, wird auch unser Organismus von einer Tagesrhythmik gesteuert.
Weil das Sehen für uns eine so bedeutende Rolle spielt, sind wir tagaktive Lebewesen, die nachts schlafen. Werden Menschen über lange Zeit am Schlafen gehindert, nimmt ihre Morgenmüdigkeit ab, abends stellt sich dafür um so größere Erschöpfung ein.
Um für ein Experiment den Tagesrhythmus zu unterdrücken, haben einige Menschen längere Zeiträume in unterirdischen Höhlen (also ohne den natürlichen Wechsel des Lichts) zugebracht. Dennoch behielten sie ihren regelmäßigen Wach- und Schlafzyklus bei, allerdings verlängerte sich der normale 24-Stunden-Tag auf 26 Stunden. Als sie wieder an die Oberfläche kamen, schätzten sie deshalb die real in der Dunkelheit verbrachte Zeit als geringer ein.
Werden Tiere oder Pflanzen konstant in künstlicher Helligkeit oder Dunkelheit gehalten, verändert sich ihr Rhythmus geringfügig. Für manche wird der Tag länger, für andere kürzer. Aber alle nehmen ihre 24-Stunden-Tagesrhythmik schnell wieder auf, sobald sie wieder dem Sonnenlicht ausgesetzt werden. Die Sonne fungiert offenbar als eine Art übergeordneter Uhr, die alle die zahllosen inneren Uhren auf ihren Zyklus synchronisiert.
Durch ihre Fähigkeit, über ihre Zellwände oder spezielle lichtempfindliche Zellen Licht aufzunehmen, sind selbst die einfachsten Organismen mit einer ebenso genauen inneren Uhr

ausgestattet wie wir. Die meisten Pflanzen folgen dem Rhythmus der Sonne, weil ihre Blätter als Sonnensegel fungieren und die Sonne als Energiequelle für die Photosynthese benutzen.

Wirbeltiere verfügen über ein besonderes Organ, mit dem sie die täglichen Lichtschwankungen und -unterschiede wahrnehmen: die Zirbeldrüse. Sie sitzt zwischen den Augen, bei Fischen, Amphibien, Reptilien und Vögeln aber direkt unter der Haut, wo sie als reduziertes »drittes Auge« fungiert. Die Zirbeldrüse der neuseeländischen Brückenechse ist sogar pigmentiert und liegt so dicht unter der Hautoberfläche, daß sie einem echten Auge vergleichbar ist. Bei Säugetieren sitzt die Zirbeldrüse erheblich tiefer in der Hirnschale. Unsere Augen nehmen das Licht wahr und geben Botschaften an die Zirbeldrüse weiter.

Während der Nachtstunden produziert die Zirbeldrüse das Hormon Melatonin, das unseren circadianen Rhythmus zu regulieren hilft. Die innere Uhr kann die Botschaften der Zirbeldrüse jedoch überlagern. Denn selbst wenn wir konstanter Helligkeit oder Dunkelheit ausgesetzt sind, behalten wir unseren Tagesrhythmus annähernd bei.

Wenn wir uns auf Transkontinental-Flügen schnell durch Zeitzonen bewegen, gerät dieser Rhythmus durcheinander. Unsere mechanischen Uhren können wir dann mit einem Griff umstellen, aber unsere innere Uhr benötigt viele Tage, um sich dem neuen Tagesrhythmus anzupassen. Wegen der Zeitverschiebung löst die Zirbeldrüse die Melatonin-Produktion zur falschen Tageszeit aus. In Zukunft können wir unsere innere Uhr vielleicht schneller auf die neue Zeitzone einstellen, wenn wir Melatonin-Tabletten einnehmen.

Auch Städter haben manchmal Probleme mit dem circadianen Rhythmus. Einige leiden zum Beispiel unter Winterdepressionen: Tagsüber fühlen sie sich lustlos und lethargisch, nachts schlafen sie schlecht oder gar nicht. Wahrscheinlich ist der Rhythmus dieser Menschen gestört, weil sie in der künstlichen Umgebung einer Stadt im Winter zuwenig dem natürlichen Licht ausgesetzt sind. So kann ihre innere Uhr ihren Zyklus nicht mit dem der Sonne synchronisieren; ihr Tag verlängert sich. Betroffene können sich helfen, wenn sie sich jeden Tag zu festgelegten Zeiten in intensivem künstlichem Licht aufhalten, das ihre innere Uhr neu stellt.

Schichtarbeiter, Taxifahrer, Krankenhausärzte und Angehörige vieler anderer Berufsgruppen müssen ihren Schlafrhythmus häufig umstellen. Meist wird diese Umstellung ohne spürbare negative Folgen verkraftet. Die wenigsten Menschen arbeiten aber nachts so effizient, wie sie es tagsüber täten, denn die innere Uhr regelt weit mehr als nur unseren Schlaf- und Wachzyklus. Und diese Tatsache kann sich erheblich auf unsere Gesundheit auswirken.

Die Uhren der Pflanzen

Jeden Abend zur selben Zeit falten einige Zimmerpflanzen wie die Mimose, aber auch viele wildwachsende Pflanzen wie Klee und die Sauerkleegewächse ihre Blätter zusammen. Das ändert sich auch nicht, wenn man diese Pflanzen dauerhaft künstlichem Licht aussetzt, denn ihre Reaktion wird nicht vom Nachlassen des Lichts, sondern von der biologischen Uhr der Pflanze ausgelöst.

Den Grund dafür, warum sie ihre Blätter zusammenfalten, kennt man allerdings noch nicht. Vielleicht kann die Pflanze so den nächtlichen Wärmeverlust reduzieren. Eine andere Theorie besagt, daß helles Mondlicht die innere Uhr der Pflanze durcheinanderbringen könnte, weil es zum falschen Zeitpunkt Morgengrauen signalisiert.

Die innere Uhr vieler Pflanzen gibt an, zu welchen Tageszeiten sie ihre Blüten öffnet oder schließt. »Daisy«, der englische Name für das Gänseblümchen, ist von »Day's eye« abgeleitet,

Vögel nutzen für ihre Navigation die Sonne als Kompaß. Dazu benötigen sie eine genaue innere Uhr, die ihnen hilft, die Bewegung der Sonne am Himmel zu berücksichtigen.

was übersetzt »Tages-Auge« bedeutet. Denn diese Pflanze öffnet ihre Blüten im Morgengrauen. In manchen Gegenden Englands wird der Geißbart »John-go-to-bed-at-noon« (Hans-geh-am-Mittag-zu-Bett) genannt, weil seine Blüten sich mittags schließen. Der Löwenzahn öffnet seine Blüten morgens und schließt sie am späten Nachmittag.
Auf dem Lande werden seine Samenkronen hier und da denn auch »Uhren« genannt. Viele Pflanzen reagieren so zeitgenau, daß Blumenuhren entworfen wurden: In der Reihenfolge, in der sich ihre Blüten öffnen und schließen, sind sie rund um das Zifferblatt angeordnet.
Pflanzen öffnen und schließen ihre Blüten, um mit ihrem Nektar bestäubende Insekten anzulokken. Auch Pflanzen, die ihre Blüten stets geöffnet halten, sparen Energie: Sie produzieren nur zu bestimmten Tageszeiten Nektar. Das Zeitgefühl Nektar sammelnder Insekten ist deshalb hochentwickelt. Andernfalls müßten sie verhungern.
Einige Nektar fressende Ameisenarten sparen Zeit bei der Nahrungssuche. Ihre innere Uhr aktiviert die Tiere nur zu diesem Zweck. Das verschafft ihnen eine größere Überlebenschance gegenüber anderen Insekten des tropischen Regenwalds. Honigbienen zeigen eine bemerkenswerte Fähigkeit, genau dann aktiv zu werden, wenn bestimmte Pflanzen ihre Blüten öffnen. Versuche mit einer nektarähnlichen Zuckerlösung haben gezeigt, daß Bienen bis zu neun Futterzeiten unterscheiden. Häufig kannten die Tiere offenbar die Zeiten, zu denen die Behälter mit der Zuckerlösung aufgefüllt wurden. Auch bei gleichbleibenden Licht- und Temperaturbedingungen kamen die Bienen in regelmäßigen Abständen zu den Mahlzeiten, trafen jedoch jedesmal ein wenig früher ein. Ohne Regulierung durch die Sonne verkürzt sich also offenbar ihr »Tag«. Auch das Zeitgefühl der Bienen wird von Zeitverschiebungen irritiert. Bienen, in Paris an künstliche Fütterungen gewöhnt, wurden nach New York geflogen und behielten auch dort ihre gewohnten Futterzeiten bei. Erst nach einigen Tagen natürlicher Haltung bei Sonnenlicht paßten sie sich der Ortszeit an. Die tägliche Futtersuche fordert von den Bienen eine beträchtliche Orientierungsleistung. Und dabei hilft ihnen ihr Zeitgefühl.

Der Sonnenkompaß

Sobald eine Honigbiene eine neue Futterquelle gefunden hat, rekonstruiert sie die Richtung vom Stock zur Fundstelle, indem sie die Sonne als Kompaß nutzt. Sie merkt sich dabei den Winkel ihres Kurses mit Hilfe eines Punktes am Horizont direkt unterhalb der Sonne: des Azimuts. Der Azimut ist jedoch kein Fixpunkt, sondern eine variable am Horizont bewegliche Markierung (so, wie die Sonne in einem Bogen über den Himmel wandert). Um den richtigen Kurs beibehalten zu können, muß die Biene mit Hilfe der inneren Uhr die vergangene Zeit abschätzen – und dann den Winkel ihres Kurses zur Sonne justieren, um die zwischenzeitliche Bewegung der Sonne zu korrigieren. Diese erstaunliche Navigationsleistung äußert sich in dem Tanz, den die Biene bei ihrer Rückkehr von erfolgreicher Nahrungssuche im Stock aufführt.
Der Tanz der Honigbiene ist legendär wie kompliziert. Er informiert sowohl über die Qualität als auch über die Quantität und den Standort der Futterquelle. Die Biene teilt den Kurs mit, indem sie in der entsprechenden Richtung an der Wand des Stocks entlangtanzt. Gerade nach oben gerichtete Tanzbewegungen bedeuten, daß die Quelle auf einer Linie mit der Sonne liegt. Jede andere Richtung zeigt die jeweilige Abweichung des Winkels vom Kurs der Sonne an. Im Laufe des Tages ändert sich der Winkel zwischen Futterquelle und Sonnenstand und entsprechend dazu die im Bienentanz angegebene Richtung.

Die Honigbiene teilt die Fähigkeit, die Sonne als Kompaß zu benutzen, mit vielen anderen Tieren, beispielsweise Ameisen, Strandflöhen (eine Flohkrebsart) und vielen Fisch- und Vogelarten. Für die meisten Vögel ist der Sonnenstand die wichtigste Navigationshilfe. Um diese Hilfe zu nutzen, benötigen sie ein hochentwickeltes Zeitgefühl. Wie präzise diese innere Uhr arbeitet, wurde erst kürzlich deutlich, als man anläßlich eines Experiments Vögel unter einer stillstehenden künstlichen Sonne hielt. Die Vögel justierten weiterhin ihre Peilung, als bewege sich die Sonne normal auf ihrer Laufbahn.

In den Spätsommer- und Herbstmonaten hüpfen in Käfigen gehaltene Zugvögel regelmäßig in Richtung auf den Sonnenstand, der auch ihrer Reiseroute entspricht. Wie von geheimnisvollen Magneten angezogen, tauchen die Zugvögel im Frühjahr bei uns auf und verschwinden im Herbst. Dies sind nur zwei der aufregenden Ereignisse, die mit den klimatischen Veränderungen des Jahreszyklus zusammenhängen. Sie zeigen, daß Pflanzen und Tiere nicht nur eine Tagesrhythmik – gewissermaßen für den Alltag – entwickelt haben, sondern auch zuverlässig auf die wechselnden Jahreszeiten reagieren.

Der Jahresrhythmus im Zeitplan der Lebewesen

Die Jahreszeiten entstehen als Folge der relativen Neigung der Erdachse zur Sonne. Während sich unser Planet auf seiner jährlichen Umlaufbahn um die Sonne bewegt, ist die nördliche Hemisphäre für einen Teil des Jahres der Sonne zugewandt und die südliche Halbkugel für einen anderen Teil des Jahres. Die extremsten Folgen zeigen sich an den Polregionen, die einen kurzen Sommer lang nahezu 24 Stunden täglich hell sind. Während des langen Polarwinters sind sie dann in ständige Nacht getaucht. In niedrigeren Breitengraden nehmen die taghellen Stunden zum Mittsommer hin zu, ohne jedoch die Nacht ganz und gar zu verdrängen. Die Sonne scheint auch noch mitten im Winter. Innerhalb dieser Breiten kommen zu Sommer und Winter noch die Jahreszeiten Frühling und Herbst hinzu. Die variable Tagesdauer wird mit zunehmendem Abstand von den Polen geringer. Am Äquator ist es an jedem Tag das ganze Jahr hindurch zwölf Stunden hell. In den der Sonne abgekehrten Regionen der Erde sind nicht nur die Tage kürzer, die Sonne gibt dort auch weniger Wärme ab, denn die Sonnenstrahlen müssen durch eine breitere Atmosphärenschicht der Erde dringen.

Sobald der Winter naht, kommt es deshalb zu großen Temperaturstürzen: harte Lebensbedingungen für Pflanzen, die wegen des kürzeren und schwächeren Sonneneinfalls ohnehin nur weniger Nahrung produzieren können als in klimatisch günstigeren Breiten. Wenn die Temperatur unter sechs Grad Celsius fällt, wachsen sie gar nicht mehr.

In tropischen Regionen dagegen sind Pflanzen das ganze Jahr über ausreichend mit Licht und Wärme versorgt. Aber sie brauchen auch Wasser. Saisonal bedingte Schwankungen der Niederschlagsmenge beeinflussen ihr Wachstum. Für alle Tiere sind Pflanzen direkt oder indirekt ein wichtiges Glied in der Nahrungskette. Alles Leben hängt also von saisonalen und anderen Wetterschwankungen ab. Daher mußten Tiere und Pflanzen Strategien entwickeln, mit deren Hilfe sie den saisonalen Klimaveränderungen gewachsen sind und sich rechtzeitig darauf einstellen zu können.

Dies ist nicht so einfach, wie das erscheinen mag, denn Wetteränderungen treten unregelmäßig auf. In manchen Regionen kommen Frosteinfälle im Sommer vor, und auch im Frühjahr kann hier und dort noch Schnee fallen. Herbsttage können sommerlich mild oder bitterkalt sein. Würden sich die Frühlingsblumen oder Zugvögel an numerischen Kalenderdaten orientieren wie wir, wären sie längst ausge-

Die Blumenuhr

Carl von Linné, ein schwedischer Naturforscher des 18. Jahrhunderts, arrangierte Blumen so, daß ihre geöffneten oder geschlossenen Blüten die Tageszeit angaben: Die Bewegungen der Blütenblätter folgen einer regelmäßigen Tagesrhythmik. Dieser 24-Stunden-Rhythmus wird von der Lichtempfindlichkeit der Pflanze gesteuert. Bienen und andere Pollen sammelnde Insekten lernen schnell, ihre Aktivitäten denen der Blumen anzupassen. Sie gehen nur auf Nahrungssuche, wenn die Blüten geöffnet sind und Nektar anbieten. Blumenuhren funktionieren aber nur unter bestimmten Voraussetzungen genau: Die Öffnungszeiten variieren mit geographischer Lage und Meereshöhe.

Milchstern (Öffnungsphase)

Gemeiner Rainkohl (beginnt, sich zu schließen

Feldwucherblume (Öffnungsphase)

Kleines Habichtskraut (Öffnungsph.

Löwenzahn (Öffnungsphase)

Passionsblume (Öffnungsphase)
Acker-Gauchkeil (beginnt, sich zu schließen)
Sprossendes Nelkenköpfchen (beginnt, sich zu schließen)
Herbstlöwenzahn (beginnt, sich zu schließen)
Ackerwinde (beginnt, sich zu schließen)
Weiße Seerose (beginnt, sich zu schließen)
Nachtkerze (Öffnungsphase)
12
1
2
3
4
5
6
7
8
10
11

storben. Sie sind auf eine zuverlässigere Methode angewiesen. Heute mag es uns als Selbstverständlichkeit erscheinen, aber erst in den zwanziger Jahren dieses Jahrhunderts hat man erkannt, daß Lebewesen die Veränderung der Tageslänge spüren. Von allen durch die Neigung der Erdachse verursachten Erscheinungen bildet die Veränderung der Tageslänge die klarsten und regelmäßigsten Muster. Tiere und Pflanzen reagieren auf diese Veränderungen mit einem als Photoperiodismus bekannten Vorgang.

Der Kalender der Pflanzen

Um die Länge eines Tages zu erspüren, sind die Laubblätter der Pflanzen ideal angeordnet, denn sie fangen das Sonnenlicht für die Photosynthese auf. Die grüne Farbe des Blattes rührt von einer Substanz namens Chlorophyll her, die auch das Pigment Phytochrom enthält. Dieses Pigment ist lichtempfindlich im roten Spektralbereich und wandelt sich in eine andere chemische Form um, wenn es von Sonnenstrahlen getroffen wird. Bei Einbruch der Nacht wird dieser Vorgang rückgängig gemacht. Die jeweilige Konzentration der beiden Formen des Phytochroms kann viele Lebensfunktionen der Pflanzen beeinflussen, so etwa die Wurzel- und Blütenbildung und die Farbe der Blätter.
Einige Pflanzen, beispielsweise Nelken, Rettich, Acker-Gauchkeil und der Klee, blühen im Frühling, wenn die Tage länger werden. Sie werden deshalb Langtagpflanzen genannt. Chrysanthemen, Weihnachtssterne, Mais, Kaffee und andere Pflanzen blühen während der kürzer werdenden Herbsttage und heißen deshalb Kurztagpflanzen. Es gibt auch viele Pflanzen, die – ungeachtet der Tageslänge – zu jeder Jahreszeit blühen, unter anderen Löwenzahn, Sonnenblumen, Tomaten und Kartoffeln. Die Begriffe Kurztag- oder Langtagpflanzen sind ein wenig irreführend, denn eigentlich richten sich die Pflanzen nach der Länge der Nacht. Benutzt man künstliches Licht, um in einer langen Nacht zwei kurze Nächte vorzutäuschen, fördert dies die Blütenbildung der Langtagpflanzen und behindert die der Kurztagpflanzen. In Gärtnereibetrieben werden deshalb oft künstliches Licht und dunkle Tücher benutzt, um die Blütenbildung der Kurz- und Langtagpflanzen zu beeinflussen. Viele Pflanzen brauchen eine Ruheperiode, bevor sie Blätter und Blüten treiben. Diese Pause wird oft durch die Temperatur beeinflußt. Das Ausbreiten der Blätterbaldachine der Bäume im Frühling wird ebenfalls teilweise durch Temperaturänderung ausgelöst. Die eindrucksvollste Veränderung im Leben eines Laubbaumes – sein rotgoldenes Herbstkleid – wird dagegen fast ausschließlich von der Tageslänge bestimmt. Auch wenn im Winter schwere Regenfälle niedergehen, können die Wurzeln eines Laubbaumes das Wasser nicht so schnell vom kalten Boden absorbieren, wie es auf seinen Blattflächen verdunstet. Also müssen Laubbäume, um einem Wasserverlust vorzubeugen, im Herbst ihre Blätter abwerfen. Bei diesem biologisch äußerst komplizierten Vorgang löst die Tageslänge den Abwurf der Blätter aus. Würden die Bäume erst auf das Signal des kalten Winterwetters reagieren und ihre Blätter abwerfen, könnten sie, bevor der Vorgang beendet wäre, durch die Wasserknappheit geschädigt werden. Würfe ein Baum seine Blätter einfach nur ab, gingen ihm große Mengen wichtiger Nährstoffe verloren. So absorbiert er zunächst die Kohlenhydrate, Proteine, Mineralien und das Chlorophyll der Blätter. Der Entzug des grünen Chlorophylls enthüllt die ebenfalls in den Blättern enthaltenen roten, goldenen und braunen Pigmente. So entsteht das prachtvolle Herbstkleid. Sind die Nährstoffe absorbiert, leitet ein Hormon die Zerstörung eines Zellrings an jedem Blattstielgelenk ein. Das schwächt die Ver-

bindung des Blattes zum Baum so sehr, daß es schon von einer leichten Brise fortgeweht wird. Da die Tageslänge diesen Vorgang steuert, verlieren Straßenbäume in erleuchteten Städten ihre Blätter meist später als ihre Verwandten auf dem Lande.

Auch Tiere haben recht komplizierte Überlebensstrategien für den Winter entwickelt.

Tiere im Winter

Mit Einbruch des Winters müssen zwei wichtige biologische Funktionen trotz erschwerter Bedingungen aufrechterhalten werden. Der Organismus der Tiere muß vor Unterkühlung geschützt und die Nahrungszufuhr muß aufrechterhalten werden. Einigen Säugetieren wächst ein dikkeres Fell, so daß sie weniger Körperwärme abgeben. Tiere, die in regelmäßig mit Schnee bedeckten Regionen leben, können die Farbe ihres Fells der weißen Landschaft anpassen: Dazu gehören Schneehasen und Hermelin. Diese Veränderung wird von den kürzer werdenden Tagen gesteuert.
Wohl derselbe Hinweis der Natur auf den Winter hat zur Folge, daß Hirsche, Schafe und Ziegen im entsprechenden Alter langsamer wachsen und weniger Appetit entwickeln. Auch wenn Hirsche das ganze Jahr hindurch von Förstern und Jägern mit reichlich Futter versorgt werden, nehmen sie im Winter deutlich weniger Nahrung zu sich. Ein Jungtier legt in seinem ersten Sommer beträchtlich an Gewicht zu. Im Winter ist die Wachstumsgeschwindigkeit dagegen auf weniger als die Hälfte reduziert.

Dieses gebremste Wachstum ist nicht nur eine Folge der geringeren Nahrungsaufnahme. Selbst wenn man die Tiere jeden Tag im Jahr mit derselben Futtermenge mästen würde, wüchsen sie im Sommer schneller als im Winter. Das ist auch sinnvoll so, denn in freier Wildbahn ist das Nahrungsangebot erheblich geringer. Darüber hinaus sind die Pflanzen im Winter auch noch weniger nahrhaft als im Sommer. Versuche haben gezeigt, daß die biologische Anpassung der Tiere an die Bedingungen der kälteren Jahreszeit von der Tageslänge ausgelöst wird. Säugetiere reagieren auf die Veränderungen der Tageslänge mit Hilfe ihrer Zirbeldrüse, die auch die Tagesrhythmik ihres Organismus reguliert. Am Tag produziert und speichert die Zirbeldrüse einen chemischen Stoff, das Serotonin, das während der Nacht in Melatonin umgewandelt und ins Blut abgegeben wird. Werden die Nächte länger, erhöht sich die für die Synthese von Melatonin zur Verfügung stehende Zeit. Das regt offenbar die Produktion jener Hormone an, die die Veränderung des Appetits, des Stoffwechsels, der Fellfarbe und des Fellwuchses auslösen.

Andere Tiere begegnen den ungünstigen Lebensbedingungen des Winters, indem sie ihre Stoffwechselrate noch weiter herabsetzen und in einen Zustand der Winterruhe oder Winterstarre fallen. Die Körpertemperatur der Tiere fällt dann leicht ab, und Herzschlag und Atemfrequenz sind vermindert. Bären, Eichhörnchen und Dachse gehören zu den Tieren, die auf diese Art überwintern.
Bei echten Winterschläfern kann die Körpertemperatur viel stärker absinken, maximal bis einige Grade über den Gefrierpunkt. Der Herzschlag und alle anderen Körperfunktionen sinken auf ein kaum wahrnehmbares Niveau. Zu den Tieren, die Winterschlaf halten, gehören Igel, Erdhörnchen, Haselmäuse, Fledermäuse, Hamster und nur eine Vogelart: Der Poorwill ist ein nordamerikanischer Ziegenmelker, der den größten Teil des Jahres in den Zwielichtstunden der Morgen- und Abenddämmerung Insekten fängt. Wenn Schlechtwetterperioden ihn zu diesen Zeiten von der Jagd abhielten, müßte er verhungern. Der Poorwill vermeidet dieses Risiko. Jahr für Jahr kehrt er in dieselbe Spalte einer Felswand zurück

Tageslängen und Jahreszeiten

Jedes Jahr erleben die gemäßigten Breiten der Erde eine erstaunliche Folge natürlicher Ereignisse: den Wechsel der Jahreszeiten. Ausgelöst werden viele der Veränderungen in der belebten Welt von der Dauer der täglichen Helligkeit, die von der Drehung der Sonne (dargestellt im mittleren, helleren Teil des Hauptbildes) abhängig ist. Diese Veränderungen, die zuverlässiger sind als Temperaturschwankungen, bestimmen den gesamten Lebensrhythmus vieler Pflanzen und Tiere.

Frühling. Frühlingsblumen (unten) werden von steigenden Temperaturen und gesteigerter Tageslänge zum Blühen veranlaßt. Beides registrieren sie mit ihren Blättern.

Frühjahr. Glockenblumen (oben) wachsen rasch, bevor das Laubdach der Bäume, dessen Wachstum ebenfalls durch die länger werdenden Tage ausgelöst wird, ihnen das Licht nimmt.

Winter. Wenn der Erdboden und Bäume mit Schnee bedeckt sind (oben), fallen einige Tiere in Winterschlaf oder -starre. Eine innere Uhr wird sie im Frühjahr wieder wecken.

Sommer. Ein Sperber am Nest (oben). Der Fortpflanzungszyklus der Vögel wird von der Tageslänge bestimmt, deren Veränderungen über die Zirbeldrüse wahrgenommen werden.

Herbst. Die kürzer werdenden Tage des Herbstes verursachen den auffälligen Farbwechsel des Laubs (unten).

Winter. Schneehasen (oben) und andere Säugetiere, wie Hermelin und Polarfuchs, legen im Winter ein weißes Tarnkleid an. Auslöser für diesen Wechsel der Fellfarbe sind die kürzer werdenden Tage.

Sommer und Herbst. Das Wachstum des Hirschgeweihes im späten Frühjahr und während des Sommers (links) ist Folge einer Hormonveränderung, die durch den Wechsel der Tageslängen ausgelöst wird. Später im Jahr veranlassen die kürzer werdenden Tage, daß die Tiere sich fortpflanzen. Die Paarungszeit im Herbst stellt sicher, daß die Jungtiere erst im Frühsommer geboren werden. So entgehen sie dem kalten Winter.

Winter. In den langen Wintermonaten bereiten die Baumknospen sich allmählich auf die länger werdenden Tage vor – das Signal für den Frühling (unten).

und hält dort seinen Winterschlaf.
Unter den Erdhörnchen gibt es einen typischeren Winterschläfer. Den Sommer über bildet das Hörnchen ein Fettpolster, und wenn der Herbst vergeht, zieht es sich in seinen unterirdischen Bau zurück. Dort hat es ein Vorratslager angelegt und ein Nest aus Gras und anderen Materialien gebaut, in dem es sich zusammenrollt. Bei entsprechend kalten Außentemperaturen sinkt seine Körpertemperatur auf etwa fünf Grad Celsius. Dann fällt das Tier in den Winterschlaf. Alle vier Wochen steigt die Körpertemperatur, das Erdhörnchen erwacht und wagt sich sogar aus dem Bau heraus. Für den größten Teil des Winters jedoch liegt es reglos und kühl in seinem Nest. Obwohl einige Individuen aus ihrem Winterschlaf nicht mehr erwachen, wäre ein strenger Winter für die Winterschläfer weit gefährlicher. Sie haben keine anderen Schutzmechanismen gegen Wetterunbill entwickelt. Auslöser für den Winterschlaf ist ein Temperatursturz. Doch dieser Fingerzeig der Natur funktioniert nur, wenn gleichzeitig auch die Tage kürzer werden. Winterschläfer müssen zur richtigen Zeit erwachen, um sich zu paaren und den Nachwuchs aufzuziehen, solange es genug Futter gibt.
Im Winterschlaf verlangsamt sich ihr Stoffwechsel jedoch so sehr, daß die Aktivität der Zirbeldrüse praktisch ausgeschaltet wird. Wie die Tiere es fertigbringen, sich gewissermaßen zur rechten Zeit zu wecken, bleibt ein Geheimnis. Es ist möglich, daß ihre innere Uhr weiterläuft, auch wenn die Körperfunktionen drastisch herabgesetzt sind.

Paarung auf Signal

Die meisten Säugetiere bekommen ihre Jungen im Frühling, wenn das Pflanzenwachstum seinen Höhepunkt erreicht hat, es im Überfluß Insekten gibt und das Wetter mild ist.
Um sich darauf einzustellen, müssen sich größere Säugetiere, wie Ziegen, Schafe und Hirsche, in den kürzer werdenden Tagen des Herbstes paaren, da sie eine Tragzeit von circa sechs Monaten haben. Kleinere Säuger, wie Katzen, Kaninchen und Marder, haben nur eine kurze Tragzeit und können sich daher in den länger werdenden, das Ende des Winters ankündigenden Tagen paaren. Der Auslöser, die Fortpflanzungsperiode zu beginnen, ist auch hier die Veränderung der Tageslänge. Hirsche und Schafe können zur Paarung veranlaßt werden, wenn man die Tageslänge künstlich herabsetzt. Eine Verlängerung der Tagesdauer übt dieselbe Wirkung auf Marder aus.
Eine bestimmte Verlängerung der Tageslänge löst im Organismus der Tiere die Hormonproduktion aus, die ihre Fortpflanzungsorgane aktivieren. Mit diesem System könnte es Schwierigkeiten geben bei Tieren, die einen großen Teil ihres Lebens unter der Erde verbringen.
Zumindest eine Tierart hat einen Ausweg gefunden: der Hamster. Er kommt jeden Tag ein paarmal für kurze Zeit an die Oberfläche. Um seinen Fortpflanzungszyklus anzuregen, genügt es, daß er sich zweimal im Abstand von zwölf Stunden kurz dem Licht aussetzt.
Allein die Anregung, die durch die Veränderung der Tageslänge ausgelöst wird, reicht aus, um bei einer Vielzahl anderer Tiere Paarungsverhalten auszulösen. Seit Jahrhunderten bringen die Japaner Käfigvögel dazu, auch außerhalb der Paarungszeit ihre »Liebeslieder« zu singen: Mit künstlichem Licht verlängern sie die Tage, eine als »Yogai« bekannte Methode. Auch ist seit langem bekannt, daß Hennen mehr Eier legen, wenn sie bei künstlicher Beleuchtung gehalten werden. Die Geschlechtsorgane der Vögel vergrößern sich signifikant, wenn die Tage länger werden, und schrumpfen nach der Paarungszeit wieder zusammen.
In den Tropen, wo die Tageslänge nur wenig variiert, richten

sich die Vögel denn auch meist nach anderen Anhaltspunkten, insbesondere der Niederschlagsmenge. Aber sogar einige tropische Arten, etwa der Quelea-Fink, beginnt zu brüten, wenn die Tagesdauer künstlich verlängert wird.
Vögel zeigen von allen Wirbeltieren die größte Sensibilität für die Veränderung der Tageslänge. Sie steuert nicht nur den Beginn der Paarungs- und Brutzeit, sondern auch den der jährlichen Mauser und den Start der Zugvögel zu ihren weiten Reisen. Auch Reptilien werden stark von der Photoperiode beeinflußt, und selbst einige Fische integrieren sie in ihren Lebenszyklus.
In den Tiefen der Ozeane ist von den wechselnden Lichtverhältnissen der Jahreszeiten nichts zu merken, aber viele Flachwasserfische reagieren darauf. Tropische Aquariumfische wie Guppies und Schwertträger beginnen mit der Fortpflanzung, sobald die Tage länger werden. Dagegen verkümmern die Geschlechtsorgane des Goldfisches, wenn er in Dunkelheit gehalten wird. Forellen reagieren ebenfalls sensitiv auf die Photoperiode. Manche Forellenzüchter nutzen dies: Mittels künstlicher Verlängerung der Tage animieren sie geschlechtsreife Jungfische dazu, die Zeit der ersten Paarung früher zu beginnen, als sie es von Natur aus täten.
Selbst einige Wirbellose wie Insekten und Schnecken stimmen ihre Paarungszeiten auf die Photoperiodik ab. Bei der Vielzahl der durch die Sonne angeregten Fortpflanzungstätigkeiten könnte man meinen, daß ein anderer Auslöser gar nicht vorhanden ist. Es ist aber ebenfalls ein Himmelskörper, der eine ähnlich dramatische Wirkung auf das Geschlechtsleben vieler Tiere ausübt: der Mond.

Der Reproduktionszyklus der Grunione (links und unten) folgt dem 15-Tage-Rhythmus der Springfluten. Die roten Krabben auf den Weihnachtsinseln (rechts gegenüber) folgen dem Jahresrhythmus, der vom November-Monsun bestimmt wird. Dabei machen sich gleichzeitig viele Tausende auf den Weg zum Ufer auf, um sich dort zu paaren.

Im Rhythmus des Mondes

Mondstrahlen sind keineswegs das Licht des Erdbegleiters selbst, sondern Sonnenstrahlen, die von der der Sonne zugewandten Mondseite reflektiert werden. Während der Mond seiner Umlaufbahn um die Erde folgt, sehen wir von seiner beleuchteten Oberfläche unterschiedlich große Regionen. Befindet sich der Mond zwischen Erde und Sonne, ist seine beleuchtete Seite verdeckt. Wir nennen diese Phase Neumond. Sowie sich der Mond um die Erde bewegt, wird ein Teil seiner beleuchteten Oberfläche sichtbar, zunächst als Sichel, die dann langsam zum Halbmond und später zu einer fast runden Scheibe heranwächst. Hat er seine Umlaufbahn bis zur Hälfte durchlaufen, befindet sich der Mond auf der der Sonne gegenüberliegenden Seite der Erde, und wir sehen den Vollmond, das heißt seine voll beleuchtete Oberfläche.
Am Ende seiner Umlaufbahn scheint der Mond wieder zu schrumpfen und dabei alle Phasen seines Wachstums in umgekehrter Reihenfolge zu durchlaufen: von der Scheibe bis zum Halbmond, zur Sichel und zurück zum Neumond. Der gesamte Zyklus dauert 29,5 Tage, und jede Phase verläuft absolut regelmäßig.
Die Völker der Antike und des Altertums, aber auch unsere Vorfahren verehrten den Mond und beobachteten seine Bewegungen genau. Sie feierten Feste während bestimmter Mondphasen oder vollzogen ihre Riten. Sie glaubten an seine Bedeutung für die Fruchtbarkeit und haben mit diesem »Aberglauben« gar nicht so falsch gelegen. Tatsächlich beeinflußt der Mond die Fortpflanzungszyklen zumindest einiger Tiere.
Seit Jahrhunderten behaupten Fischer, daß die Größe ihres Fangs auch von den Mondphasen abhängig ist. Beobachtungen von Herings- und Aalfängen geben Grund zu der Annahme, daß ein solcher Zusammenhang tatsächlich besteht. Wahrscheinlich ändern die Fische ihr Verhalten bei Nacht entsprechend der vom Mond gespendeten Lichtmenge. Fischer aus dem Mittelmeerraum erzählen, daß Seeigel am besten schmecken, wenn sie während der Vollmondphase gefangen werden. Und zwar, wenn zu dieser Zeit die Eier der Seeigel reifen. Die Eier einer Art, die in einer kleinen Region am Suez vorkommt, reifen tatsächlich während der Vollmondphase. Und eine kalifornische Seeigelart hat einen ähnlichen lunaren Zyklus. Vielleicht ist also die Behauptung der Fischer gar kein Seemannsgarn.

Die Kraft des Mondes zeigt sich eindrucksvoll an einer merkwürdigen Begebenheit, die sich in jedem November im Meer bei Fidschi und Samoa ereignet. In der Vollmondphase nimmt das Meer eine milchig-weiße Färbung an. Die Fischer der Gegend halten reiche, proteinhaltige Ernte.
Dieses scheinbare Geschenk der Götter ist in Wirklichkeit eine Gabe des Palolowurms, eines tropischen Verwandten des Köderwurms. Sein Lebensraum sind die Zwischenräume der Korallenriffe. Mit Beginn des Novembers schwillt die Hinterpartie der Tiere an, und zwar so lange, bis sie quasi explodiert und Eier oder Sperma herausschleudert. Indem sie den Mond zur zeitlichen Koordination ihrer Fortpflanzung nutzen, stellen die Palolowürmer sicher, daß sie alle gleichzeitig laichen und die Eier befruchtet werden. Dieses Verhalten erhöht in hohem Maße die Überlebenschancen der Art, da auch der Hunger menschlicher und tierischer Meeresräuber diese gewaltige Explosion des Lebens nicht bewältigen kann.
Erst vor kurzem wurde ein noch weit spektakuläreres Ereignis beobachtet, das wahrscheinlich größte synchrone Naturgeschehen überhaupt. Das Große Barrier-Riff, das sich mit 2000 Kilometern Länge vor der Nordostküste Australiens erstreckt, verdankt seine Existenz Millionen winziger Korallentierchen. Das Riff ist aus den harten Skeletten der toten Tiere entstanden und

bildet die Grundlage für die lebenden Korallenriffe. Fest und dauerhaft an ihren steinigen Lebensraum gefesselt, vermehren sich die Korallentierchen, indem sie Eier oder Sperma ins Meer absondern. Die zeitliche Abstimmung ihrer Fortpflanzung wird von der Temperatur und einer bestimmten Mondphase gesteuert. Auf diese Weise synchronisieren die Korallentierchen den Ausstoß ihrer Geschlechtszellen so präzise, daß diese Orgie der Fortpflanzung sich jedes Jahr in einer ganz bestimmten Nacht zur selben Stunde ereignet und das Meer in eine vielfarbig changierende Suppe verwandelt. Viele Meeresorganismen stimmen ihre Fortpflanzung zeitlich auf bestimmte Mondphasen ab. Auch einige Landorganismen, insbesondere in äquatorialen Lebensräumen, richten ihre Fortpflanzung am Mondzyklus aus. In tropischen Lebensräumen ist die Tageslänge konstant. Als Auslöser für den Beginn der Paarungszeit fällt sie also aus. Im ugandischen Victoriasee tauchen zwei Tage nach Vollmond die Wasserlarven der Eintagsfliege auf. Also erfolgt die Ablage und Befruchtung der Eier nach einem gemeinsamen Zyklus. In größerer Entfernung vom Äquator folgen Eintagsfliegen keinem klaren Rhythmus mehr. Die Rußseeschwalben der Himmelfahrtsinsel im südlichen Atlantik nutzen offenbar ebenfalls Mondphasen, um ihre Fortpflanzung zu synchronisieren, denn sie kehren in jedem zehnten Lunarmonat auf die Insel zurück und nisten dort. Tatsächlich sprechen so viele Tiere auf einen Mondzyklus an, daß man sich fragen könnte, ob unsere Vorfahren recht hatten, wenn sie den Mond mit der menschlichen Fruchtbarkeit in Verbindung brachten.

Der einzige Sexualrhythmus des Menschen ist der weibliche Menstruationszyklus, der durchschnittlich einen Mondzyklus dauert. Die durchschnittliche Schwangerschaftsdauer beträgt neun Mondzyklen. Medizinische Aufzeichnungen aus Krankenhäusern geben allerdings keinen Hinweis darauf, daß ein Zusammenhang zwischen Geburtenrate und Mondphasen besteht.

Der Mond steuert noch einen anderen Rhythmus, der zwar auf Menschen nur geringen Einfluß ausübt, aber von grundlegender Bedeutung für die Lebensräume der ozeanischen Küsten ist: den Rhythmus der Gezeiten.

Die Gezeiten

Wie die Anziehungskraft der Erde den Mond in seiner Umlaufbahn hält, wirkt die Kraft des Mondes auf die Erde. Diese Anziehungskraft macht sich auf dem Festland kaum bemerkbar, ist aber stark genug, das Meer zu bewegen. Der Wasserspiegel des Meeres steigt auf der dem Mond zugewandten Seite, auf der entgegengesetzten Seite fällt er ab. Mit der Erdumdrehung bewegen sich auch die Meeresströmungen und erzeugen so den zweimaligen täglichen Gezeitenwechsel. Der Mond bewegt sich in dersellben Richtung wie die Erdrotation und verlängert so das Flutintervall auf 12,4 Stunden.

Der Gezeitenrhythmus macht die Küste zu einer der unwirtlichsten Klimazonen der Erde. Zu manchen Tageszeiten rollt das Meer darüber hinweg, wenn es sich aber zurückzieht, ist alles Leben der Sonnenhitze oder der nächtlichen oder winterlichen Kälte ausgesetzt, mal auch dem salzhaltigen Wasser, mal der salzhaltigen Luft. Pflanzen und Tiere dieser Regionen können nur überleben, wenn sie in der Lage sind, sich auf derart gewaltige Veränderungen rechtzeitig einzustellen. Goldbraune Algen, bekannt als Diatomeen oder Kieselalgen, leben im Sand der Nordküste von Cape Cod. Tagsüber und bei Ebbe schlüpfen diese ihrem Lebensraum extrem gut angepaßten Pflanzen durch die Sanddecke ans Licht und nehmen die für ihre Photosynthese nötige Sonnenenergie auf. Es gibt so viele von diesen Kleinstorganismen, daß sie entlang der Küste einen weiten goldenen Teppich bilden. Kurz be-

vor die Flut wieder steigt, ist der Teppich plötzlich verschwunden. Als gehorchten sie einem stummen Befehl, ziehen sich die Kieselalgen alle gleichzeitig in den Sand zurück. Auch im Laborversuch reagieren die Pflanzen nach Gezeitenrhythmus.
Viele andere Meeresorganismen verfügen ebenfalls über eine innere Uhr, die genau auf den Gezeitenrhythmus abgestimmt ist. Wie die Tagesrhythmik, setzt sich bei konstanten Bedingungen der Gezeitenrhythmus fort, wenn auch ein wenig verzögert.
Die Küste der Bretagne ist Lebensraum einer Plattwurmart, die ein ähnliches Verhalten zeigt wie die Kieselalgen, weil sie mit ihnen in einer Art Hausgemeinschaft leben. Bei Ebbe transportieren die Plattwürmer die Kieselalgen an die Oberfläche, wo die Algen Nährstoffe erzeugen. Dieser Form der Symbiose entspricht, daß die Plattwürmer an diesen Nährstoffen partizipieren.
Die Winkerkrabben Nordamerikas tauchen bei Ebbe aus ihren Erdlöchern auf und suchen den Strand nach Nahrung ab. Die Männchen tragen dann auch ihre Kampfrituale aus und versuchen, mit Winkbewegungen einer besonders großen Schere die Weibchen zu ihren Bauten zu locken. Wenn die Flut kommt, ist das ganze Gewusel verschwunden wie ein Spuk: Die Winkerkrabben sind blitzschnell in ihre Bauten geschlüpft. Auch die von der Wasserlinie weiter entfernt lebenden Küstenkrabben stimmen ihre Aktivitäten zeitlich auf die Flut ab. Im Schutze des steigenden Wassers sind sie vor räuberischen Vögeln sicher und können gefahrlos nach Nahrung suchen.
Der vom Mond gesteuerte 12,4-Stunden-Rhythmus ist nicht der einzige Gezeitenzyklus, auf den Meereslebewesen ansprechen. Auch die Kraft der Sonne wirkt auf die Erde. Da sie aber soviel weiter entfernt ist, ist ihre Anziehungskraft nur ein Viertel so stark wie die des Mondes. Stehen Sonne und Mond in einem bestimmten Winkel zur Erde – immer bei Halbmond –, wirken ihre Anziehungskräfte einander entgegen. Aufgrund dieser Tatsache entstehen die schwachen Nippfluten. Stehen Sonne und Mond jedoch in einer Linie mit der Erde – wie bei Voll- und Neumond –, wirken ihre Kräfte gemeinsam und bringen die starken Springfluten hervor.
Der ungefähre 15-Tage-Rhythmus der Spring- und Nippfluten ist für einige Arten von lebenswichtiger Bedeutung. Alle 15 Tage einmal – während der starken Springfluten – sind sonst vom Wasser bedeckte Gebiete für kurze Zeit der Luft ausgesetzt. Zwischen Meeresalgen lebt die marine Zuckmücke der Gattung Clunio. Dieses mehr als erstaunliche Insekt bringt es fertig, seinen Fortpflanzungszyklus zeitlich auf die kurze Spanne, in der es der Luft ausgesetzt ist, abzustimmen. Sobald die Flut fällt, schlüpft das Tier aus seiner Puppenhülle. Das Männchen befruchtet das Weibchen, das seine Eier noch legt, bevor die Flut zurückkehrt. Für diesen komplizierten Prozeß bleiben den Tieren ganze zwei Stunden. Die Männchen helfen den Weibchen sogar aus ihren Puppenhüllen, um die Paarung zu beschleunigen. Die innere Uhr der kleinen Mücke folgt dem 15-Tage-Rhythmus der Springfluten. Im südlichen Teil ihres Verbreitungsgebiets gleicht sie ihre innere Uhr den Mondphasen an, aber im Norden, wo der Himmel nachts häufig bedeckt ist, löst die Flut selbst das Paarungsgebaren aus.

Gegenüberliegende Seite: Eine Schnecke empfindet alles Geschehen in ihrem Umfeld als sehr schnell

Die Grunione, Schwarmfische der kalifornischen Küstenregion, praktizieren ein ähnlich seltsames Fortpflanzungsritual. Alle 15 Tage, wenn die Springfluten ihren Höchststand erreichen, reiten ungeheure Mengen von Grunionen auf den Wellenkämmen heran und lassen sich ans Ufer werfen. Die Weibchen graben ihre Schwänze in den Sand und legen ihre Eier ab, während die um die Weibchen gewundenen Männchen die Eier befruchten. Dann werfen die Fische sich auf die nächste Welle, die sie zurück ins Meer trägt. Die Eier, vor Meeresräubern geschützt, liegen im feuchten Sand. 15 Tage später schlüpfen die Jungen aus und schwimmen auf der nächsten hohen Springflut davon.
Solche 15-Tage-Zyklen sind schon recht ungewöhnlich. Die innere Uhr vieler Lebewesen ist aber auf viel längere Zeiträume eingestellt.

Zeitgefühl im Jahresrhythmus

Als im 19. Jahrhundert europäische Bäume in die Tropen verpflanzt wurden, um die Wohnsitze der Kolonialherren zu schmücken, stellte man fest, daß sie in ebenso regelmäßigen Zeiträumen ihre Blätter abwarfen wie in ihrer ursprünglichen Heimat. In ihrem neuen Lebensraum mit konstanten Tageslängen betrug das »Jahr« eines Baumes nach einiger Zeit einen vom kalendarischen Jahr leicht abweichenden Zeitraum. Das war ein erster deutlicher Hinweis darauf, daß viele Organismen eine von der Tageslänge geregelte Jahresrhythmik haben.
Eine innere »Jahresuhr« ist in den Tropen von größter Bedeutung, weil es dort nur wenig saisonal bedingte Auslöser gibt, die Tieren und Pflanzen den Verlauf des Jahres sinnlich erfaßbar machen. Viele Vögel, die in äquatorialen Regionen überwintern, erkennen anhand ihrer Jahresrhythmik den Zeitpunkt für ihren Abflug. Unter konstanten Bedingungen eingekäfigte Grasmücken wurden immer dann unruhig, wenn im Normalfall der Zeitpunkt gekommen wäre, ihren Zug zu beginnen. Aber auch eine solche Zeitfixierung erscheint als schwach, angesichts der Fähigkeit mancher Lebewesen, ihre innere Uhr über einen Zeitraum von Jahren einzustellen und so wesentlich längere Ruhephasen einlegen zu können.
Alle 120 Jahre einmal brechen gleichzeitig und überall auf der Welt die Blüten des chinesischen Schirmbambus auf, verbreiten ihre Samen und sterben dann ab. Auch viele andere Bambusarten synchronisieren die Zeit ihrer Blüte. Ihre Ruhepausen umfassen allerdings andere Zeiträume etwa zehn, 20 und 90 Jahre.
Ähnlich auffällig verhalten sich einige nordamerikanische Zikadenarten. Diese Insekten verbringen als Larven viele Jahre unter der Erde und saugen den Saft aus Baumwurzeln. Dann, wie auf ein geheimnisvolles Signal, kommen sie gleichzeitig aus dem Boden und verwandeln sich in geflügelte ausgewachsene Tiere. Sie sterben innerhalb von drei Wochen. Während ihrer kurzen Lebenszeit legen sie ihre Eier, Grundstock für die nächste Generation, in den Boden, bis die Zeit für den Beginn eines neuen Fortpflanzungszyklus reif ist.
Das regelmäßige Auftreten der ausgewachsenen Tiere in Massenschwärmen liefert ein solches Übermaß an Nahrung, daß die Mehrheit der Zikaden trotz vieler Freßfeinde überlebt und neue Eier ablegen kann. Die verschiedenen Zikadenarten leben unterschiedlich lange, aber interessanterweise beträgt der Zeitraum der Entwicklung vom Ei bis zum ausgewachsenen Tier immer eine Primzahl – 13 oder 17 Jahre. Das macht es Räubern sehr schwer, ihre Individuenzahl so anzupassen, daß sie den regelmäßig wiederkehrenden Überfluß an Beutetieren für ihre Art optimal nutzen können.
Um ihr Ausschlüpfen synchronisieren zu können, brauchen die Zikaden einen eingebauten Zeitmesser, der die Jahre selbst dann noch registriert, wenn die Tiere in der Erde vergraben sind. Viele

Insekten brauchen dagegen nur die viel kürzeren Zeiträume des Ei- oder Puppenstadiums im Winter abzustimmen. Diese Phase wird als Diapause bezeichnet. Winterschlafende Säugetiere können den Zeitpunkt ihres Erwachens ähnlich genau bestimmen. Diese Tiere nehmen die Zeit während ihrer Ruhe- und Aktivitätsphasen sehr unterschiedlich wahr. Während des Winterschlafes verlangsamt sich der Stoffwechsel eines Winterschläfers so sehr, daß die Winterphase in seinem subjektiven Zeitempfinden stark verkürzt ist. Selbst in Aktivitätsphasen ist ein bestimmter Zeitraum für Zikaden nicht derselbe wie für Erdhörnchen oder Menschen.

Zeitwahrnehmung

Die Lebensdauer der Grannenkiefer ist mehr als 70mal länger als unsere. Wir wiederum leben 70mal länger als das kleinste Säugetier, die Spitzmaus, und 1200mal länger als eine Fliege. Diese Tiere nehmen jedoch ihre Lebenszeit nicht auf dieselbe Weise wahr. Ihre dreiwöchige Lebensdauer erscheint der Fliege länger als uns. Obwohl wir ebenfalls eine Tagesrhythmik haben, die unsere Zeit in einen 24-Stunden-Rhythmus unterteilt, erlebt die Fliege ihren Tag viel schneller als wir.

Jeder, der schon einmal versucht hat, eine Fliege zu töten, wird wissen, daß sie augenblicklich reagiert. Ihre Augen können sehr kurze Zeitintervalle wahrnehmen. Sie kann auf eine zuschlagende Hand in weniger als dem Hundertstel einer Sekunde reagieren. Und unser plumper Versuch, sie zu töten, muß wie ein Vorgang in Zeitlupe auf sie wirken. Die Küchenschabe ist ähnlich schnellebig. Sie reagiert auf jeden Versuch, sie zu töten, im Fünfzigstel einer Sekunde. Unsere eigene Reaktionszeit beträgt immerhin eine Zehntelsekunde.

Auch Vögel nehmen sehr viel kürzere Zeitintervalle wahr als wir. Der Gesang vieler Vögel wirkt auf uns abwechslungsreich und melodiös. Doch wenn er auf Band aufgenommen und langsamer abgespielt wird, hören wir erheblich mehr Einzelheiten heraus, als dies in einem »Live«-Konzert der Fall ist. Werden Geräusche von sehr kurzen Zeitintervallen unterbrochen, hören wir sie dennoch als zusammenhängende Laute. Viele Vögel dagegen hören Geräusche als einzelne Laute, die durch ein Intervall von zwei Mikrosekunden oder weniger voneinander getrennt sind. Ein Beispiel dafür ist das Duett des afrikanischen Bou-Bou-Würgers, das von jedem Vogel eines Paares abwechselnd vorgetragen wird. Das Zeitintervall zwischen dem Strophenende des einen Vogels und dem Strophenbeginn des anderen ist so kurz, daß wir es nicht hören und das Duett für uns wie ein zusammenhängendes Solo klingt.

Im Gegensatz dazu scheinen sich Vorgänge in der Welt der Schnecke in einem ungeheuren Tempo zu ereignen. Tippt man einer Schnecke mit einem Stöckchen auf den Kopf, zieht sie sich schnell in ihr Gehäuse zurück. Wird die Frequenz der Berührungen auf vier in der Sekunde erhöht, ändert sie ihr Verhalten: Sie versucht, auf den Stock zu kriechen.

Schnecken können nämlich nur Bewegungen wahrnehmen, die länger als eine Viertelsekunde auseinanderliegen. Deshalb nimmt sie einen Stock, der viermal in der Sekunde bewegt wird, als ruhenden Gegenstand wahr. Im Vergleich zu Vögeln und selbst zu uns lebt dieses Tier sein Leben wirklich im Schneckentempo.

Für die Chordatiere (Tiere mit einem Rückgrat als Stützorgan) ist die Herzfrequenz ein sehr guter Indikator für den Lebensrhythmus. Auf 3,9 Herzschläge fällt bei diesen Tieren durchschnittlich ein Atemzug. Andere Körperfunktionen sind auf ähnliche Art mit der Herzfrequenz kombiniert. Bemerkenswerterweise haben die meisten Tiere mit langer Lebensdauer durchschnittlich dieselbe Anzahl von Herzschlägen. Im Normalfall schlägt jedes

Lebensalter
Lebensjahre
70
60
50
40
30
20
15
10
5
0
25
50
100
Anzahl der Herzschläge pro Minute

00 400 800

Weil Herzschläge mit der Atmung und anderen physiologischen Prozessen verbunden sind, können sie als Indikator dafür genommen werden, wie schnell die Lebenskraft eines Tieres erschöpft ist. Alle Säugetiere, die ein hohes Alter erreichen, haben ungefähr die gleiche Anzahl von Herzschlägen in ihrem Leben. Die Zahl der Herzschläge wird durch die Größe eines Tieres bestimmt: Das Herz eines kleinen Tieres, wie das einer Elefantenspitzmaus, schlägt ungefähr 25mal schneller als das eines Elefanten. Deshalb hat die Maus ein entsprechend kürzeres Leben. Menschen machen eine Ausnahme von dieser Regel: Entsprechend unserer Größe müßten wir mit circa 25 Jahren sterben. Aber aus noch unbekannten Gründen gibt es bei Tieren mit großen Gehirnen eine Tendenz zu längeren Lebenszeiten.

Reptilien gehören auch zu diesen Ausnahmen, denn ihre Lebensdauer variiert mit den Temperaturen ihres Lebensraums. Das Herz eines Krokodils schlägt, während das Tier warm ist, ungefähr 70mal pro Minute und fällt auf 30 Schläge zurück, wenn es sich abkühlt – ein Grund, warum Reptilien langlebige Tiere sind.

Herz ungefähr 800millionenmal. Der Lebensrhythmus eines Tieres wird als physiologische Lebensdauer bezeichnet, um sie von den allen Tieren gemeinsamen natürlichen Zeitrhythmen zu unterscheiden. Die physiologische Lebenszeit der Kaltblüter – wie Reptilien und Amphibien – ändert sich mit der Temperatur. Bei Vögeln und Säugetieren hängt die physiologische Lebensdauer von der Körpergröße ab. Kleinere Säugetiere haben meist einen schnelleren Herzschlag und eine höhere Stoffwechselrate, was auch ihren Lebensrhythmus erhöht, während für größere Säugetiere das Gegenteil zutrifft. Das kleinste Säugetier, die Spitzmaus, hat danach ein 30mal schnelleres Leben als der Elefant. Für die Spitzmaus sind 24 Stunden so lang, daß sie sie in viele kleinere Aktivitäts- und Ruheintervalle einteilt, und so erlebt sie innerhalb einer Erdumdrehung viele Tage. Das Herz der Spitzmaus schlägt circa 1000mal pro Minute, das des Elefanten nur 30mal. Ihre physiologische Lebensdauer ist entsprechend unterschiedlich. Spitzmäuse leben maximal eineinhalb Jahre, viele Elefanten werden dagegen 50 Jahre alt und mehr. Der Mensch macht allerdings eine Ausnahme von dieser Regel. Bei unserer Größe müßten wir mit circa 25 Jahren sterben. Das ist ein Alter, in dem auch unser Herz erschöpft sein müßte, weil es bereits mehr als 800millionenmal geschlagen hat. Aus noch nicht geklärten Gründen haben aber Tiere mit einem großen Gehirn eine längere Lebensdauer. Wie auch bei den anderen Tieren verändert sich mit zunehmendem Alter unsere Zeitwahrnehmung.

Zeitwahrnehmung beim Menschen

Uns allen ist die Tatsache vertraut, daß sich die Tage während der Kindheit hinzuziehen und, wenn wir älter werden, schneller zu vergehen scheinen. Ein Grund dafür ist die sich mit zunehmendem Alter verlangsamende Stoffwechselrate. Bei unserer Geburt rast unser Herz mit circa 140 Schlägen pro Minute. Aber wenn wir erwachsen sind, ist die Frequenz auf 70 pro Minute gesunken. Diese Veränderungen der Stoffwechselrate beeinflussen die Länge der physiologischen Lebensdauer. Sie sind aber keineswegs Ursache aller Veränderungen der Zeitwahrnehmung, die wir während unseres Lebens erfahren. Der Körper eines kleinen Kindes arbeitet mit Höchstleistung und ermöglicht es dem Kind so – in einer vorgegebenen Zeit –, wesentlich mehr Informationen zu verarbeiten, als ein Erwachsener das könnte. Ein Kind wird darüber hinaus von allen Wahrnehmungen wesentlich stärker angeregt, weil die Welt neu und aufregend ist. Das Zeitempfinden älterer Menschen hängt zwar von der Veränderung ihrer Stoffwechselrate ab, in erheblichem Maße aber auch davon, wie intensiv sie noch am Leben teilnehmen.

Unsere Zeitwahrnehmung kann auch noch von anderen Einflußfaktoren bestimmt werden. Für einen Kranken mit hohem Fieber vergeht die Zeit langsam. Dieselbe Wirkung rufen Drogen wie Amphetamine, Canabis und sogar Kaffee hervor. Barbiturate und Alkohol haben die gegenteilige Wirkung. Die Zeit verstreicht manchmal fast unbemerkt. Zu einem Teil liegt das daran, daß Fieber und Drogen die Stoffwechselrate verändern; aber auch das Bewußtsein spielt dabei eine Rolle. Das Zusammenwirken dieser beiden Faktoren ist am deutlichsten zu erkennen, wenn wir einem plötzlichen Schock ausgesetzt sind. Das Hormon Adrenalin fließt in den Blutkreislauf und erhöht die Herzfrequenz und die Stoffwechselrate. Gleichzeitig steigert sich die Leistung, mit der Informationen vom Gehirn verarbeitet werden, drastisch und macht es uns möglich, den Schock besser zu verarbeiten. Das bewirkt, daß die Zeit langsamer zu vergehen scheint, so daß wir uns an die Einzelheiten eines Unglücks, etwa eines Autounfalls, erinnern,

als ob es in Zeitlupe geschehen wäre. Da Schockzustände sehr unterschiedliche Folgen haben, können allerdings auch Gedächtnislücken auftreten.
In der Natur tritt dieselbe Veränderung der Zeitwahrnehmung wahrscheinlich immer dann ein, wenn ein Räuber auf seine Beute stößt. Dennoch können wir – und das gilt für alle Sinne – letztlich nur vermuten, auf welche Weise andere Lebewesen ihre Welt wahrnehmen. Wir können uns ein annähernd zutreffendes Bild davon machen, welche Informationen jedes Tier empfängt. Wie sein Hirn diese Informationen aber genau deutet und speichert, wissen wir nicht. Der Einfluß des Instinktes ist es, der jedem Tier schließlich seine einzigartige Sicht der Welt gibt.

Wir sind in erster Linie visuell wahrnehmende Lebewesen. Deshalb schätzen wir die Rolle, die andere wichtige Sinne in unserem Dasein spielen, oft als zu gering ein.
Wenn wir beispielsweise nicht mehr hören können, fühlen wir uns sofort isoliert. Taube Menschen sind nicht nur von ihrem wichtigsten Kommunikationskanal, der Sprache, abgeschnitten, sondern sie sind auch nicht in der Lage, Gefahrensignale, wie etwa das Geräusch eines sich nähernden Autos, wahrzunehmen. Die meisten von uns haben den von einer schweren Erkältung hervorgerufenen Verlust von Geschmacks- und Geruchssinn schon erlebt. Das mag im Zeitalter der steril verpackten Lebensmittel von geringer Bedeutung sein, unseren Vorfahren aber hätte jedes Unvermögen, zwischen giftigen und eßbaren Pflanzen zu unterscheiden, übel mitgespielt. Wer vom Zahnarzt eine Betäubungsspritze erhalten hat, weiß, wie hilflos er schon ist, wenn der Tastsinn nur in einem kleinen Bereich des Körpers außer Kraft gesetzt ist: Man merkt weder, ob man sich an heißem Kaffee verbrennt, noch, ob man sich auf die Zunge beißt.
Jeder unserer Sinne unterstützt auf seine Art unsere Überlebenschance und trägt dazu bei, uns in unserer Umwelt zurechtzufinden. Alle Tiere nehmen die Welt mittels ihrer kombinierten Sinnesleistung wahr. Wie wir gesehen haben, sind die Reize, auf die ein Tier anspricht, und ihre jeweilige Bedeutung von Art zu Art unterschiedlich. Sie geben jedem Tier eine geringfügig andere Information von seiner Umgebung. Die Wahrnehmung eines Tieres ist jedoch nicht ausschließlich abhängig von den durch seine Sinnesorgane aufgenommenen Reizen. Die empfangenen Informationen werden an das Gehirn weitergeleitet, wo sie analysiert und eventuell moduliert werden. Die Änderungen, die das Gehirn vornimmt, basieren auf der Erfahrung, die ein Tier im Laufe seines Lebens sammelt: ein Prozeß, der schon vor der Geburt beginnen kann.

Erste Wahrnehmungen

Die Sinne eines Säugetierembryos erwachen schon, während er sich noch in der Gebärmutter befindet. Eine Art Tastsinn entsteht zuerst in dem Bereich, der später einmal zu Nase und Mund wird. Er erlaubt dem Embryo herauszufinden, ob er bequem liegt. Als nächstes beginnt der Embryo auf Schwerkraft anzusprechen, während sich das System des Gleichgewichtsorgans im Ohr entwickelt. Schließlich ist der Embryo in der Lage, sich in der Gebärmutter genau zu orientieren.
Kurz darauf kann er schon mit den Ohren hören. Anfänglich wird die Geräuschwelt des Embryos von den beruhigenden Herzschlägen seiner Mutter bestimmt. Doch bald kann er auch Geräusche aus der Außenwelt auffangen, obwohl sie den Körper seiner Mutter erst durchdringen müssen und deshalb gedämpft klingen. In diesem Stadium kann der Embryo nur niedrige Frequenzen wahrnehmen, da sich sein Empfindungsvermögen für hohe Frequenzen erst direkt vor der Geburt entwickelt.
Der heranwachsende Embryo erlebt die Tagesrhythmik der Körpertemperatur und des Blutkreislaufs seiner Mutter genauso wie

Gegenüberliegende Seite: Ein Straußenküken erblickt das Licht der Welt.

ihren Aktivitäts- und Ruhezyklus. So kann sich seine innere Uhr auf ihren 24-Stunden-Rhythmus einstellen, und seine spezielle embryonale Uhr kann den Zeitpunkt der Geburt auslösen. Ähnlich wie Säugetierembryonen sind auch junge Vögel in der Lage, aus dem Innern ihres Eies heraus der Welt zu lauschen. Die Küken vieler Bodenbrüter wie beispielsweise der Wachtel können sich sogar von Ei zu Ei miteinander verständigen. Ihr schwaches Piepsen und Ticken hilft den Küken, den Zeitpunkt des Schlüpfens zu synchronisieren, so daß die Jungen ihrer Mutter bald nach der Geburt gemeinsam folgen können. Die Hühnerembryonen können auch die Rufe ihrer Eltern hören und werden instinktiv still, wenn das erwachsene Tier einen Alarmruf ausstößt.
Vergleichbar mit diesen instinktiven Reaktionen, beginnen die Jungen einiger im Schwarm nistender Vögel, etwa der Lummen, Geräusche zu unterscheiden, während sie noch im Ei sind. Nach dem Schlüpfen sind diese Küken in der Lage, ihre Eltern an deren Rufen wiederzuerkennen. Die meisten Vögel können ihre Eltern nicht gleich nach dem Schlüpfen erkennen und folgen einfach dem ersten sich bewegenden Objekt. Dieses System ist in freier Wildbahn sehr zuverlässig, da sich ein Elterntier nie weit von seiner Brut entfernt. In Gefangenschaft jedoch gerät ein frisch geschlüpftes Küken schon mal in Verwirrung und folgt dann einem anderen Tier, einem Menschen oder sogar einem Ball. Die Jungen von Hirschen, Antilopen und anderen Säugetieren, die schon unmittelbar nach der Geburt von Freßfeinden bedroht sind, kommen mit sehr gut entwickelten Augen auf die Welt. Säugetiere, die in schützenden Nestern geboren werden, wie Katzen oder Mäuse, öffnen ihre Augen erst nach mehreren Tagen. Und auch dann ist ihre Sehkraft noch nicht voll entwickelt. Aber nur wenn ihre Augen auch benutzt werden, bilden sich die entscheidenden Verbindungen zwischen Augen und Gehirn aus. Andernfalls ist ihr Sehvermögen nicht optimal. Die Bedeutung dieses Entwicklungsstadiums wurde an jungen Katzen gezeigt, die in einem mit schwarzen und weißen Vertikalstreifen bemalten Raum großgezogen wurden. Als die Kätzchen in die Natur entlassen wurden, konnten sie keine horizontalen Formen wahrnehmen. Wie Vögel folgen auch viele junge Säugetiere instinktiv jedem großen sich bewegenden Gegenstand, bis ihre Sinne sich ausreichend entwickelt haben, um Einzelwesen erkennen zu können. Viele Säugetiere verlassen sich jedoch ebenso auf ihren Geruchssinn, um sich Eindrücke einzuprägen. Auch die Nahrungssuche eines Tieres erfolgt zu Anfang instinktiv, erst allmählich werden die Informationen der Sinnesorgane durch Erfahrung immer mehr verfeinert. Wenn Fohlen oder Hirschkälber zum erstenmal zu saugen versuchen, suchen sie seitlich aufwärts versetzt nach irgendeinem Vorsprung unter den Vorderbeinen des Muttertieres, bis sie endlich das Euter ertastet haben. Sobald sie die Zitze aber einmal gefunden haben, können sie sie mühelos wiederfinden. Frisch geschlüpfte Wasservogel- oder Fasanenküken picken instinktiv nach jedem grünen Flekken. In kurzer Zeit haben sie dann gelernt, die einzelnen Punkte ihrer Nahrung von anderem Grün zu unterscheiden und sich selbständig zu ernähren. Mit zunehmender Erfahrung eines Jungtieres spielt sein Gehirn eine immer wichtigere Rolle, wenn es gilt, Umweltreize in Informationen zu verwandeln. Das beste Beispiel dafür ist die Art und Weise, wie ein Tier lernt, die wesentlichen Merkmale seiner direkten Umgebung zu erkennen, um eine »Sinnes«-Landkarte seines Lebensraums zu entwickeln.

Sinnes-Landkarten

Beginnt ein Jungtier, seinen Lebensraum zu erkunden, so empfängt sein Gehirn eine überwältigende Menge neuer Sinneseindrücke. Nach einigen Ausflügen sind die Informationen über die konstanten Merkmale seiner Umgebung dann gespeichert. Bald verfügt das Tier über eine »Sinnes«-Karte seines Heimatgebietes und kennt die räumlichen Beziehungen zwischen den wichtigsten Punkten und die kürzeste Verbindung dazwischen. Dann kann jede Veränderung oder Ergänzung in der Umgebung schnell als solche erkannt und eingeordnet werden.

Auch der zunächst einzige Bezugspunkt des Menschen in einer neuen Umgebung ist normalerweise sein neues Zuhause. In kurzer Zeit haben wir uns die wichtigsten Merkmale wie Geschäfte, Kirchen und andere auffällige Gebäude gemerkt und können uns mit ihrer Hilfe leichter orientieren. Um ihre »Sinnes«-Landkarten zu entwickeln, verlassen sich viele Tiere (wie auch wir) überwiegend auf das Sehvermögen.

Bei Flut erkundet eine marine Grundelart mit dem lateinischen Namen Bathygobius soporator das felsige Bett ihrer Küstenheimat. Fällt die Flut, bleiben die meisten Küstenlebewesen – in Pfützen von Felsvertiefungen gestrandet – zurück. Mit Hilfe seiner »Sinnes«-Landkarte kann der Fisch jedoch alle Vertiefungen ausmachen und unfehlbar zwischen ihnen hin- und herspringen. Auch die Grabwespe speichert optische Einzelheiten ihrer sandigen Heimat. Sie baut Tunnel in den Sand und füllt sie mit Raupen, um damit ihre Larven zu füttern. Das Insekt kann seine Speisekammern orten, indem es sich die Position naher Steine oder Zweige einprägt. Wenn diese Merkmale ihre Position verändern, hat die Wespe große Schwierigkeiten, ihre Nahrungsvorräte wiederzufinden.

Die Ratte benutzt ebenso ihren Geruchssinn wie auch ihr Sehvermögen, um »Sinnes«-Karten ihrer regelmäßigen Wanderwege auszuarbeiten. Diese Routen werden so verinnerlicht, daß die Ratte auch weiterhin über vermeintliche Hindernisse springt, wenn diese schon längst entfernt worden sind. Mit diesem nur scheinbar kopflosen Verhalten spart die Ratte auf der Flucht vor einem Räuber wertvolle Zeit, weil ihr Hirn nicht erst die Information über ein neu gesichtetes Hindernis aufnehmen und verarbeiten muß. Sinnes-Karten sind für Tiere, die in Zeiten nur spärlicher Informationen aktiv sind, von großem Vorteil: etwa für eine Eule bei ihrem nächtlichen Beuteflug. In manchen Nächten reicht das Licht selbst für die überempfindlichen Augen der Eule nicht aus. In ihrem vertrauten Gebiet kann die Eule schnell durch dichten Wald fliegen und sich auf ihre Sinnes-Karte verlassen.

Die geistige Landkarte des Menschen enthält oft auch Berge oder hohe Gebäude, die wir bei unserer Orientierung als Bezugspunkte nutzen. Das Ausmaß der Orientierungspunkte, die wir wahrnehmen können, ist jedoch durch die Tatsache beschränkt, daß unsere Augen weniger als zwei Meter vom Boden entfernt sind. Vögel fliegen normalerweise in einer Höhe von 1000 Metern, und während ihres Zuges können sie auch 10 000 Meter und mehr erreichen. Von diesem günstigen Punkt aus können sie Orientierungspunkte erkennen, die viele Kilometer entfernt sind, und darüber hinaus die Gerüche und den Infraschall wahrnehmen, deren Quellen ebenfalls weiter entfernt sind. Es ist möglich, daß Vögel sich aus diesen Informationen großflächige Landkarten erstellen und sie auf ihren ausgedehnten Wanderungen als Navigationshilfe benutzen.

Weißbartgnus in der Serengeti brechen alljährlich in Herden von Zehntausenden zu ihren Wanderungen auf. Die Weißbartgnus sind möglicherweise in der Lage, den Beginn von Regenfällen in weiter entfernten Gebieten wahrzunehmen, wo es bald frisches Gras geben wird.

Langstrecken-Reisen

Küstenseeschwalben verbringen den nordischen Winter in der Antarktis und fliegen im Frühling in die Arktis auf der anderen Seite der Erdkugel, um dort zu brüten. Sie kehren häufig zu der Stelle zurück, an der sie selbst geschlüpft sind, und benutzen Jahr für Jahr dasselbe Nest. Höchstwahrscheinlich ist diese erstaunliche Leistung auf ihre »Sinnes«-Landkarten zurückzuführen, die sie bei der früheren Erkundung des Brutgebietes angelegt haben.

Junge Schwalben verbringen viel Zeit damit, ihr Heimatterritorium zu erforschen, bevor sie für den Winter nach Südafrika ziehen. Frühe Bruten haben mehr Zeit, sich die örtlichen Gegebenheiten einzuprägen, als spätere Bruten und sind erfolgreicher darin, ihre Geburtsstätten wiederzufinden, wenn sie im darauffolgenden Frühling zurückkehren.

Auf ihrem ersten Zug müssen junge Vögel jedoch ins Unbekannte fliegen. Einige scheinen ihre Eltern oder andere Artgenossen als Führer zu benutzen. Gänse und Schwäne reisen in Familienverbänden über regelmäßige Routen, während andere Vögel in großen Schwärmen reisen und dabei auch fremden, aber erfahrenen Artgenossen folgen. Auch in Herden wandernder Säugetiere, wie Gnus und Karibus, wandern die Jungen neben ihren Eltern. Wird ein Jungtier von der Herde seiner Mutter getrennt, geht es verloren und wandert ziellos umher, bis es eine andere Herde findet, der es sich anschließen kann.

Ziehende Herden und Schwärme von Zugvögeln verfügen offenbar über eine kollektive Orientierungserfahrung, die von den älteren Tieren an die Jungen weitergegeben wird. Dennoch haben ziehende Tiere einen angeborenen Hang, sich zu bestimmten Zeiten des Jahres in eine bestimmte Richtung zu bewegen. Versuche mit Weißstörchen haben gezeigt, daß sowohl der Instinkt als auch die Lernfähigkeit eine Rolle bei der Navigation auf den Zugrouten spielen. Diese großen Vögel sparen auf Langstreckenflügen Energie, indem sie die Aufwinde nutzen, um sich in die richtige Flughöhe tragen zu lassen. Solche aufsteigenden Luftsäulen kommen nur über dem Land vor. So folgen Vögel auf ihrer Reise von Europa nach Afrika Routen, die weite Meeresflächen umgehen. Osteuropäische Störche fliegen südostwärts über den Bosporus, während der westeuropäische Bestand südwestwärts über die Straße von Gibraltar reist. Werden osteuropäische Störche in Westeuropa ausgesetzt, folgen sie den ortsansässigen Vögeln auf ihrer Südwestreise. Werden sie jedoch erst ausgewildert, wenn die ortsansässigen Störche schon abgereist sind, folgen sie ihrem Instinkt und fliegen südostwärts.

Der Kuckuck, der von anderen Vogelarten, oftmals von Standvögeln aufgezogen wird, muß seinen eigenen Weg nach Afrika finden. Allein ziehende Vögel wie der Kuckuck verlassen sich einzig auf ihren Instinkt. Den Zeitpunkt der Abreise bestimmt der Kuckuck aufgrund der Tageslängen. Er bricht in eine offenbar im Erbgut festgelegte Richtung auf und verläßt sich auf seine Sinne, um den korrekten Kurs beizubehalten.

Sicherheitssysteme der Sinne

Wir benutzen hauptsächlich unsere Sehkraft, um uns zurechtzufinden, sind aber dennoch bei Dunkelheit nicht vollkommen hilflos, da wir uns von Tast- und Gehörsinn leiten lassen. Auch Zugvögel verlassen sich meist bei der Navigation auf ihr Sehvermögen, mit dessen Hilfe sie beispielsweise den Sonnenkompaß nutzen. Bei einer Fehlfunktion dieses Sinnes können sie auf ein Sicherheitssystem zurückgreifen. Wenn wir Menschen nämlich die Sonne hinter den

Wolken nicht mehr sehen können, sind Vögel immer noch in der Lage, das die Wolken durchdringende ultraviolette Licht wahrzunehmen. Ist auch dies nicht möglich, so reicht das Muster polarisierten Lichts in einem kleinen Flecken des Himmelsblaus aus, um den Standort der Sonne zu orten. Nachts verlassen sich die Vögel auf Sterne wie den Polarstern, der den geographischen Norden anzeigt. Ist auch er von Wolken verdeckt, können die Positionen der anderen Sterne benutzt werden, um ihn genau auszumachen. Wenn alle visuellen Anhaltspunkte fehlen, greifen Vögel auf ihren Magnetsinn zurück. Möglicherweise nehmen sie dann auch den Geruchssinn oder das Gehör zu Hilfe. Jeder Sinn kann unter bestimmten Umständen unbrauchbar sein oder irreführende Informationen vermitteln. Sicherheitssysteme vermindern das Risiko von Fehlinformationen, können es aber nicht völlig ausschließen. Selbst die vielen Sinne der Vögel können grundlegend irritiert werden.

Verwirrung der Sinne

Daß Vögel eher ihre Sehfähigkeit als ihren Magnetsinn einsetzen, ist wahrscheinlich darauf zurückzuführen, daß das Magnetfeld der Erde sich oft als unzuverlässige Orientierungshilfe erweist. Magnetische Anomalien können Zugvögel irreführen und sind offenbar auch Ursache für die Massenstrandungen der Wale. Auch während der Phasen hoher Sonnenfleckenaktivität, wenn magnetische Stürme über die Erde hinwegfegen, geraten Vögel bei ihrer Navigation in Schwierigkeiten.

Visuelle Anhaltspunkte können zuverlässiger sein als magnetische, sind aber auch nicht immer zuverlässig genug. Auf ihren Herbstzügen nach Süden verenden Tausende von Vögeln, augenscheinlich von künstlichem Licht angezogen, an Leuchttürmen. Es kann sein, daß Vögel den Mond als Navigationspunkt nutzen und sich so südwärts orientieren, indem sie dem Mond entgegenfliegen. In bewölkten oder mondlosen Nächten wird dann das Licht der Leuchttürme wohl fälschlich für den Mond gehalten. Dieses Schicksal erleiden häufig Motten, die ihren Weg von Ort zu Ort finden, indem sie in einem festgelegten Winkel auf den Mond zu oder von ihm fort fliegen, sehr oft. Millionen Jahre funktionierte dieses einfache System sehr gut – bis der Mensch die Lampe erfand. Seitdem werden Milliarden Motten fehlgeleitet, weil sie versuchen, einen konstanten Winkel zum künstlichen Licht beizubehalten, und deshalb in Spiralen zum Licht fliegen: oft genug in den Tod.

Die moderne Technik ist Ursache vieler anderer Sinnesverwirrungen. Die enormen von Starkstromleitungen erzeugten elektrischen Felder beeinträchtigen das empfindliche elektrische Navigationssystem des Störs. Versehentlich greifen Haie Nachrichtenkabel an und durchtrennen sie sogar, weil sie wahrscheinlich die winzigen elektrischen Felder der Kabel fälschlicherweise für die Körperelektrizität potentieller Beutetiere halten.

Die Leichtigkeit, mit der sogar hochentwickelte Sinnessysteme funktionsunfähig gemacht werden können, wird von vielen Tieren ausgenutzt. Die von menschlichem Gerät verursachte Verwirrung der Sinne geschieht unabsichtlich, in der Natur aber hat sie Methode.

Daß Wale unplanmäßig stranden (links), läßt folgende Vermutung zu: Die Tiere folgen offenbar einer Art Magnetfeld-Karte, deren Abweichungen sie in die Irre führen. Zwei Beispiele für täuschende Nachahmung: Die Blütenblattimitierende Fangschrecke (unten) maskiert sich selbst als Teil einer Blume, um Schmetterlinge zu fangen, die nach Nektar suchen. Wenn die malaiische Gespenstschrecke (rechts) an einem Blatt nagt, ergänzt ihr Körper die abgefressene Fläche. Das Tier verschmilzt so perfekt mit dem Blatt, daß es sogar Rippen und Adern zeigt. Das hier abgebildete Tier paßt allerdings nicht genau zum pflanzlichen Vorbild, denn die zentrale Blattrippe stimmt nicht ganz überein.

Der Trick mit dem Licht

Manche Tiere nutzen das Licht, um miteinander zu kommunizieren. So strahlen werbende männliche Glühwürmchen biolumineszierende Signale aus, und die Weibchen antworten mit einem Muster aus Blitzlichtern.
Jede Art hat ihren eigenen besonderen Blitzcode, um einander identifizieren zu können. Ein weibliches fleischfressendes Glühwürmchen von der Gattung Photuris nutzt dieses System für sich aus. Es imitiert den von den Weibchen einer verwandten Photuris-Art benutzten Blitzcode, um Freier anzulocken, die dann von der Femme fatale gefressen werden.
Im allgemeinen verlassen sich Tiere bei der Nahrungssuche auf ihre Augen. Sowohl Jäger als auch Gejagte haben jedoch Methoden entwickelt, die visuelle Wahrnehmung des anderen zu verwirren. Eine eindrucksvolle Methode wenden die durch die Weltmeere treibenden Arten der Seestachelbeeren, Quallen, Pfeilwürmer und andere Planktontiere an. Sie sind so transparent, daß sie für das menschliche Auge unsichtbar sind. Die meisten höherentwickelten Tiere können diese Strategie nicht anwenden, da das Pigment, das die Netzhaut des Auges vor starkem Licht abschirmt, und ihr Mageninhalt sie verraten. Der indische Glasfisch und viele Fischlarven machen sich unsichtbar, indem sie ihre sichtbaren Organe auf einen kleinen Bereich des Körpers konzentrieren. Ein anderer Trick, um sich unsichtbar zu machen (auch von menschlichen Zauberern bevorzugt), besteht darin, Spiegel zu benutzen. Er wird von vielen Fischen genutzt, deren spiegelähnliche Schuppen das Licht reflektieren und den Fisch dem Blick seiner Freßfeinde entziehen. Eine andere Form der Tarnung ist die farbliche Anpassung des Körpers an die Umgebung: etwa die flechtenfarbigen Flügel vieler Mottenarten, das Grün der blätterfressenden Raupen und das gesprenkelte Gefieder vieler Bodenbrüter. Viele Tiere haben Punkte, Streifen oder andere Farbschattierungen angenommen, um ihre Körperkonturen aufzulösen. Die meisten sind auf der Unterseite heller als auf der Oberseite, um den Schatten auf der Körperunterseite auszugleichen, der sie sonst verriete. Einige, wie beispielsweise Hermelin und Schneehuhn, die im Winter einen dramatischen Farbwechsel ins Weiß durchmachen, können sich den saisonalen Farbänderungen ihres Lebensraums anpassen. Andere, wie das Chamäleon und viele Frösche, Fische und Tintenfische, können ihre Tarnfarbe entsprechend der wechselnden Umgebung ändern. Solche Umwandlungen werden durch die schnellen Reaktionen der Pigmente in ihren Zellen oder – im Falle des Tintenfisches – der Ausdehnung spezieller Pigmentzellen in Scheibenform erreicht.
Eine ähnliche effiziente Strategie ist es, ein anderes Tier, eine Pflanze oder einen Gegenstand vorzutäuschen. Einige tropische Schmetterlinge ahmen perfekt bestimmte Blätter nach. Sogar Insektenfraß ist in ihre Imitationsmuster eingeschlossen. Viele Schwalbenschwanzraupen nehmen das Aussehen von Vogelmist an. Wenn sie aus dieser »Maskierung« herausgewachsen sind, häuten sie sich und nehmen statt dessen eine grüne Tarnfarbe an.
Einige Insektenarten Brasiliens imitieren die Köpfe der Alligatoren, der einzige Unterschied besteht in der Größe. Diese Insekten sind nur einige Zentimeter lang. Die Puppen einiger afrikanischer und asiatischer Schmetterlinge ähneln zum Verwechseln dem Kopf eines Rhesusäffchens. Auch hier ist eine Unterscheidung nur anhand des Größenmaßstabs wahrnehmbar. Die Puppe ist weniger als einen Zentimeter lang.
Die kleinen Imitatoren täuschen räuberische Vögel damit offenbar wirklich. Vermutlich nehmen die Augen jagender Vögel die Größenunterschiede lange nicht so deutlich wahr wie die der Menschen. Und so hält ein Vogel die maskierte Puppe für

das Gesicht eines Affen und ergreift die Flucht.
Noch größeres Raffinement setzt eine auf den Andaman-Inseln beheimatete Kugelspinne ein. Sie sammelt die Überreste ihrer Beuteinsekten und stellt daraus »Kugelspinnen-Attrappen« her, die sie an verschiedenen Stellen ihres Netzes verteilt. Wenn ein Vogel das Netz angreift, zielt er mit hoher Wahrscheinlichkeit auf einen dieser »gefälschten« Artgenossen. Jeder Sinn kann getäuscht werden. Erst allmählich beginnen wir Menschen immer mehr dieser Tricks aus der Natur zu entlarven.

Trügerische Gerüche und Geräusche

Jedes Tier, das sich sehr stark auf einen bestimmten Sinn spezialisiert hat, setzt sich der Gefahr von Täuschungen aus. Wie schon zuvor erwähnt, erzeugen Motten Sexualgerüche, um mehrere Kilometer weit entfernte Partner anzulocken. Spinnen, wie die Bolaspinne, können diese Gerüche imitieren und die unglücklichen Freier dann einspinnen.
Ameisen- und Termitenkolonien verlassen sich auf den Geruch, um Eindringlinge zu identifizieren. Viele Insekten, Spinnen und Milben können diese chemischen Codes durchbrechen und unbemerkt in Kolonien schlüpfen. Einige Käfer aus der Familie der Kurzflügler strömen beispielsweise den für Rote Ameisen typischen Geruch aus und leben so ungestört mitten in deren Nest. Sie geben darüber hinaus einen Duftstoff ab, der die Ameisen dazu anregt, sie zu füttern. Doch damit nicht genug: Die Käfer legen ihre Eier in die Brutkammer der Ameisen, und die Käferlarve gedeiht, indem sie junge Ameisen frißt. Die Ameisen sind von den trügerischen Gerüchen so verwirrt, daß sie sogar noch inmitten dieser Zerstörung für die Käferlarven sorgen.
Am tollsten treiben die skandinavischen Ameisen der Gattung Harpagoxenus ihre Geruchsbetrügerei. Diese Insekten lassen sich von Sklaven, die sie aus den Kolonien anderer Arten entführt haben, ihre Nester pflegen. Geeignete Opfer werden von einem einzelnen Kundschafter ausgemacht, der mit einem Stoßtrupp von mehreren hundert Ameisen zurückkehrt. Anstatt kraftraubende Kämpfe auszufechten, strömen sie einen Geruch aus, der die Wachen der Kolonie in eine gegeneinander gerichtete Kampflust versetzt. Während dieses Durcheinanders erbeutet der Stoßtrupp die Arbeiter und Puppen, diesmal mit Hilfe eines anderen Duftstoffes. Der Totenkopfschwärmer imitiert den dünnen Pfeifton der Königin, um sich in einen Bienenscharm einzuschleichen und den Honig zu stehlen.
Eine parasitierende Fliege benutzt das von männlichen Grillen verursachte pulsierende Geräusch, um sich auf einem Wirtstier einzunisten und dann ihre Eier in den Körper der Grille zu legen. Einige Männchen haben gelernt, diesem Schicksal aus dem Wege zu gehen, indem sie still neben einer zirpenden Grille sitzen. So überlisten sie den Parasit und fangen oft erfolgreich ein Weibchen ab.
Jedes Täuschungsmanöver wird im Laufe langer Zeiträume eine Gegenmaßnahme auslösen. In manchen Fällen entsteht so eine Art Wettlauf der Sinnesleistungen. Als eine solche Steigerung ist zum Beispiel die Geräuschschlacht zwischen Fledermäusen und ihrer Beute zu betrachten.

Das Wettrüsten der Sinne

Viele Fledermäuse verlassen sich während der Jagd fast völlig auf ihr hochentwickeltes Echolotsystem. Doch Insekten haben eine Menge Methoden entwickelt, dem Schallbild der Fledermäuse zu entgehen oder es zu stören. Motten sind mit dicken Haaren bedeckt, die einen Teil des

Ultraschalls der Fledermaus verschlucken.
Haften, die Gottesanbeterin und einige Mottenarten können die Rufe der Fledermäuse hören und weichen seitlich aus oder falten ihre Flügel zusammen und fallen zu Boden. Einige ungenießbare Nachtfalter stoßen einen Ultraschallruf aus und schrecken so die Fledermäuse ab. Andere Arten stoßen einen Schwall von Ultraschallwellen aus, mit dem sie offensichtlich das Sonar der Fledermaus stören. Der Schwall wird von den Fledermäusen wahrscheinlich als gegenständliches Hindernis eingeordnet, das den Jäger dazu veranlaßt, ihm auszuweichen.
Um diese und andere Täuschungsmanöver zu unterlaufen, haben einige Fledermausarten ein System entwickelt. Die Langohrfledermaus stellt ihre großen Parabolohren auf niedrige Frequenzen ein, um die Flügelschläge ihrer Beute wahrzunehmen. Doch viele Nachtfalterarten haben ihrerseits einen Weg gefunden, auch dieses System zu neutralisieren: Sie tragen dünne Fransen an den Spitzen ihrer Flügel, um die die Fluggeräusche auslösenden Luftturbulenzen zu verringern.
Solche Anpassungen finden überall in der Natur statt, da Tiere ständig Strategien entwikkeln, einander zu überlisten. Auf diese Weise sind die bemerkenswerten Supersinne entstanden.

Den »Supersinnen« auf der Spur

Lange Zeit hatten Wissenschaftler große Schwierigkeiten, die Sinneswelten anderer Tiere zu erforschen, weil die menschliche Sinnesleistung selbst begrenzt ist. Die Forscher neigten dazu, sich auf den menschlichen Primärsinn, das Sehvermögen, zu konzentrieren und insbesondere auf die Wellenlänge des für uns sichtbaren Lichts. Erheblich weniger Aufmerksamkeit widmeten sie dem Gehörsinn. Geräusche, die außerhalb des knappen Frequenzbereichs unserer Ohren liegen, wurden so gut wie gar nicht beachtet. Weil wir selbst unseren Geruchssinn wenig einsetzen, wurde die beherrschende Rolle, die Gerüche im Leben vieler Tiere spielen, erst spät erkannt.
Während der vergangenen 20 Jahre haben Wissenschaftler jedoch eine erstaunliche Vielfalt an Sinnesleistungen entdeckt und unsere Kenntnis anderer Wahrnehmungsarten bei Tieren dramatisch erweitert. In Zukunft könnten wir aus dieser Forschung noch mehr über die Sinnesleistungen des Menschen lernen.
Noch werden Telepathie und andere »übersinnliche« Kräfte ins Reich des Mystischen verwiesen. Und das in den meisten Fällen sicher zu Recht. Doch könnten wir bei manch einer dieser Fähigkeiten auf ganz natürliche Ursachen stoßen. Auch die Fähigkeit einiger Fischarten, elektrische Felder zu produzieren, war lange unbegreiflich. In Zukunft werden sicher noch mehr Geheimnisse aufgedeckt, die zeigen, daß viele »übersinnliche« Kräfte nicht mysteriöser und nicht weniger bemerkenswert als die bisher entdeckten Supersinne sind.

Bildnachweis

Jan Aldenhoven 135;
Aquila (Norman Fuller) 90 oben links;
Ardea 31 (P. Morris), 42 Mitte (P. Morris), 70 (Werner Curth), 94 (François Gohier);
Bruce Coleman 2–3 (Norman Tomalin), 10 (Jeff Foott), 14 oben (C. B. Frith), 18 unten (Hans Reinhard), 19 (Jane Burton), 30–31 (Andy Purcell), 42 unten (Jane Burton), 46 (Frieder Sauer), 47 unten (Hans Reinhard), 66 (J. Cancalosi), 75 oben (Kim Taylor), 91 (Frank Greenaway), 103 unten (R.& M. Borland), 114 oben (Frieder Sauer), unten (Jane Burton), 126–127 (A. J. Mobbs), 126 oben (WWF / H. Jungius), Mitte (N.G. Blake), 127 oben und Mitte rechts (beide Hans Reinhard), 127 Mitte links (J. Shaw), 131 oben links (Roger Wilmshurst), 134 beide Jeff Foott;
Daily Telegraph (ESA Meteosat) 27 unten;
Nature Photographers 99 unten (Michael Gore);
NHPA 42 oben (Gérard Lacz), 90 oben rechts, unten links und rechts (Stephen Dalton);
Planet Earth Pictures 39 oben (Ken Lucas), Mitte unten (Peter David), 47 oben und Mitte (John Lythgoe), 78–79 (James Hudnall), 78 unten (Ocean Images / A. L. Giddings), 103 Mitte (Jonathan Scott), 130 unten links (Cameron Read), 154 (Tony Joyce);
Survival Angia 142–143 und 143 oben (M. Kavanagh);
University of Bristol, Dept. of Veterinary Surgery 78 Mitte
Die übrigen Fotografien wurden von John Downer gemacht.